RELIGIOSIDADE
É DIFERENTE DE
RELIGIÃO

OSHO

RELIGIOSIDADE É DIFERENTE DE RELIGIÃO

Ensinamentos de Osho para um mundo em paz

Tradução
Ma Prem Visarjana

Editora Gente

Editora
Rosely M. Boschini

Assistente editorial
Rosângela Barbosa

Preparação
Alessandra J. Gelman Ruiz

Revisão
Célia Regina R. de Lima

Projeto gráfico e editoração
Editora Gente

Capa
W-design

Título original: *I teach religiousness not religion*

O material deste livro foi selecionado de várias palestras ao vivo de Osho para públicos diferentes ao longo de mais de trinta anos. A íntegra dessas palestras foi publicada em livros e está também disponível em gravações de áudio. Esse material pode ser acessado on-line: Osho Library, www.osho.com

Dados Internacionais de Catalogação na Publicação (CIP)
(Câmara Brasileira do Livro, SP, Brasil)

Osho, 1931-1990.
Religiosidade é diferente de religião : ensinamentos de Osho para um mundo em paz. / Osho; tradução Ma Prem Visarjana — São Paulo : Editora Gente, 2006.

Título original: I teach religiousness not religion

ISBN 85-7312-518-7

1. Religião 2. Religiosidade I. Título.

06-6211 **CDD-299.93**

Índice para catálogo sistemático:

1. Religiosidade : Osho : Filosofia religiosa
299.93

Sumário

Religião

é uma rocha morta.
Não ensino religião,
mas religiosidade,
um rio que flui,
mudando continuamente seu curso,
mas que finalmente chega ao oceano.
Uma rocha pode ser muito antiga,
muito mais experiente,
mas uma rocha é uma rocha,
e está morta;
não se move com as estações,
não se move com a existência,
ela está simplesmente aí.
E você já viu alguma rocha
cantando ou dançando?
Para mim religião é uma qualidade,
não uma organização.
Todas as religiões que existem,
e elas não são em número pequeno
– há trezentas religiões no mundo –
todas elas são rochas mortas.
Elas não fluem, não mudam,
não se movem com os tempos.
E qualquer coisa que esteja morta
não vai ajudar você.

Parte I

Religião: o ópio para as massas

1 – Religião: uma confusão legítima

O que é a verdadeira religião?

Religião não é o que as pessoas pensam que seja. Não é cristianismo, não é hinduísmo, não é islamismo. A suposta religião é uma rocha morta.

Eu não ensino religião, mas religiosidade: um rio que flui, mudando continuamente seu curso, mas que finalmente chega ao oceano.

Uma rocha pode ser muito antiga, muito experiente, mais velha que qualquer *Rigveda**, mas uma rocha é uma rocha, e está morta. Ela não se move com as estações, não se move com a existência; ela está simplesmente aí. Você já viu alguma rocha cantando ou dançando?

---

* O *Rigveda* é a mais antiga das quatro coletâneas que compõem os *Vedas* (livros religiosos hinduístas que vêm servindo de fundamento para a milenar tradição indiana, inclusive na esfera profana), cuja data de criação é impossível precisar. Consiste de hinos compostos em forma poética para recitação em sacrifícios. (N.E.)

Para mim, religião é uma qualidade, e não uma organização.

Todas as religiões que existem, e elas não são em número pequeno – há trezentas religiões no mundo –, todas elas são rochas mortas.

Elas não fluem, não mudam, não se movem com os tempos. E qualquer coisa que esteja morta não vai ajudar você, a menos que queira fazer um túmulo; então talvez a rocha possa ser útil.

Todas as assim chamadas religiões têm feito túmulos para você, destruindo a sua vida, o seu amor, a sua alegria e enchendo a sua cabeça com fantasias, ilusões e alucinações a respeito de Deus, do céu e do inferno, da reencarnação e de todos os tipos de asneira.

Confio na fluência, na mudança, no movimento... porque essa é a natureza da vida. Ela conhece apenas uma coisa permanente, que é a mudança. Só a mudança nunca muda, todo o resto muda. No outono, as árvores ficam nuas; todas as folhas caem sem reclamação; silenciosamente, em paz, elas se unem outra vez à terra de onde vieram. As árvores nuas contra o céu têm uma beleza própria, e deve haver uma tremenda confiança em seus corações, pois elas sabem que, se as folhas velhas foram embora, as novas virão; e logo folhas novas, mais jovens e mais delicadas, começam a surgir.

Uma religião não deveria ser uma organização morta, mas um tipo de religiosidade, uma propriedade que inclui verdade, sinceridade, naturalidade, um profundo relaxamento em relação ao cosmos, um coração amoroso, uma afabilidade para com o todo. Para isso, nenhuma escritura sagrada é necessária.

Na verdade, não há escrituras sagradas em lugar nenhum. As assim chamadas escrituras sagradas nem mesmo provam ser boa literatura. É bom que ninguém as leia porque elas estão cheias de pornografia.

Uma religiosidade autêntica não precisa de profetas, salvadores, livros sagrados, igrejas, papas ou sacerdotes, porque religiosidade é o florescer do seu coração, é chegar ao centro do seu próprio ser. E, no momento em que você chega ao centro do seu próprio ser, há uma explosão de beleza, de bênção, de silêncio, de luz. Você começa a se tornar uma pessoa totalmente diferente. Tudo o que era escuro em sua vida desaparece, e tudo o que era errado também desaparece. O que quer que você faça é feito plenamente e com absoluta consciência.

Eu conheço apenas uma virtude, que é a consciência.

Se a religiosidade se espalhar por todo o mundo, as religiões desaparecerão. E será uma enorme bênção para a humanidade quando o homem for simplesmente homem, nem cristão, nem muçulmano, nem hindu. Essas demarcações, essas divisões, têm sido a causa de milhares de guerras ao longo da história. Se você revir a história do homem, não poderá resistir à tentação de dizer que vivemos no passado de uma maneira insana. Em nome de Deus, em nome das igrejas, em nome de ideologias que não têm evidência alguma, as pessoas têm matado umas às outras.

A religião ainda não aconteceu no mundo.

A menos que a religiosidade se torne o próprio ambiente da humanidade, não haverá religião. Mas eu insisto em chamá-la de religiosidade para que não se torne organizada. Você não pode organizar o amor. Já ouviu falar em igrejas de amor, templos de amor, mesquitas de amor? O amor é um caso individual com outro indivíduo. E religiosidade é um caso de amor maior do indivíduo em relação ao cosmos.

Quando um homem se apaixona pelo cosmos, pelas árvores, pelas montanhas, pelos rios, pelos oceanos, pelas estrelas, ele sabe o que é oração. É inexprimível... Ele conhece uma profunda dança em seu coração e uma música que não tem sons. Ele experimenta pela primeira vez o eterno, o imortal, aquilo que sempre permanece em qualquer mudança, que se renova. E qualquer um que se torne uma pessoa religiosa e abandone o cristianismo, o hinduísmo, o islamismo, o jainismo*, o budismo, declara pela primeira vez sua individualidade.

Religiosidade é um caso individual; é uma mensagem de amor de você para o cosmos. Só então existirá uma paz que ultrapassa qualquer mal-entendido. Como não é assim, essas religiões têm sido parasitas, explorando as pessoas, escravizando-as e forçando-as a acreditar. Todas as crenças são contrárias à inteligência, e forçam as pessoas a orar com palavras que não têm sentido, porque elas não vêm do coração, mas apenas da memória.

Tenho contado freqüentemente histórias de Leon Tolstói. Há uma sobre três aldeões, sem instrução, incultos, que viviam numa pequena ilha num grande lago. Inúmeras pessoas iam até eles e os veneravam. O arcebispo do local ficou preocupado. As igrejas estavam vazias, ninguém o procurava; a Igreja russa é a mais antiga do mundo, muito ortodoxa, e as pessoas estavam indo até essas três pessoas que nem mesmo eram iniciadas nos segredos do cristianismo? Como eles haviam se tornado santos?

No hinduísmo, na Índia, é fácil se tornar santo, mas no cristianismo não é tão fácil. A palavra inglesa *saint* vem da raiz *sanetus*, e significa que, a menos que você seja declarado ou certificado pelo papa ou pelo arcebispo, não pode

---

* Segundo o *Dicionário Eletrônico Houaiss da Língua Portuguesa,* o jainismo é uma religião indiana criada no século VI a.C. em ruptura com a tradição védica e o hinduísmo, fundamentada na idéia do *ainsa* ("rejeição à violência"). (N.E.)

ser aceito como santo. Mas as pessoas estavam dizendo que aqueles três eram santos...

Um dia, com raiva, o arcebispo tomou um barco e foi encontrar os três aldeões, que estavam sentados embaixo de uma árvore. Olhou para eles e não pôde acreditar: que tipo de santos eram aqueles? Ao chegar, apresentou-se e declarou: "Sou o arcebispo".

Os três santos tocaram os pés dele. Então ele se sentiu relaxado e pensou: "Esses homens são tolos... e as coisas ainda não foram tão longe que não possam ser controladas". A seguir, perguntou: "Vocês são santos?". "Nunca ouvimos essa palavra. Nós não temos instrução, somos incultos. Não fale 'grego' conosco; simplesmente diga o que você quer dizer." "Meu Deus", disse o arcebispo, "vocês não sabem o que significa ser um santo? Vocês conhecem a oração cristã?"

Outra vez eles se entreolharam e se cutucaram, como se estivessem dizendo: "Fale você para ele". O arcebispo, então, sentiu-se muito poderoso e perguntou novamente: "Digam-me, qual é a oração de vocês?". E eles responderam: "Nós somos muito incultos, não conhecemos a oração cristã. Nós fizemos a nossa própria oração". O arcebispo riu e falou: "Ninguém faz sua própria oração. Uma oração tem de ser autorizada pela Igreja. Mas de qualquer maneira, qual é a sua oração?".

Eles se sentiram muito embaraçados, muito envergonhados, mas finalmente um deles disse: "Por você estar perguntando, não podemos recusar. Mas a nossa oração não é realmente uma oração... Ouvimos falar que Deus possui três formas – Deus, o Espírito Santo e o Filho – e assim pensamos em criar uma oração. A nossa oração é: 'Você é três, nós somos três, tenha piedade de nós'". O arcebispo disse: "Idiotas, vocês acham que isso é uma oração? Eu lhes ensinarei a oração autorizada pela Igreja".

Mas a oração era longa demais, e os três falaram juntos: "Nós não conseguimos lembrar uma oração tão longa assim. Tentaremos o máximo possível, mas, por favor, repita-a mais uma vez". E eles pediram que ele a repetisse uma terceira vez, porque era longa demais. "Quando lembramos o começo, esquecemos o final. Quando lembramos o final, esquecemos o começo. Quando lembramos o começo e o final, esquecemos o meio."

O arcebispo disse: "Vocês precisam de educação". Mas eles disseram: "Nós não sabemos escrever; se não fosse isso, poderíamos ter escrito a sua oração. Repita só mais uma vez e nós tentaremos o melhor que pudermos". O arcebispo ficou muito feliz por ter convertido três idiotas que estavam sendo venerados por inúmeras pessoas e repetiu a oração pela terceira vez. Eles tocaram os seus pés, e o arcebispo voltou para o barco. Quando estava no meio do lago, viu algo enorme vindo em sua direção. Ele não podia acreditar, e pensou: "O que pode ser isso?".

Começou a rezar. Porém, quando se aproximaram, ele percebeu que eram aqueles três idiotas caminhando sobre as águas. Então disse: "Meu Deus! Só Jesus caminhou sobre as águas". Eles vinham com as mãos estendidas e dizendo: "Nós esquecemos a oração, por isso achamos que poderia repetir... mais uma vez".

O arcebispo, vendo-os parados sobre a água, percebeu o fato e disse: "Vocês não precisam da minha oração. A oração de vocês é perfeita. Tenho rezado durante minha vida toda, cheguei ao posto mais alto da Igreja Ortodoxa da Rússia, mas não consigo caminhar sobre as águas. Deus parece estar com vocês. Vão embora e continuem com sua velha oração". Eles ficaram muito felizes e disseram: "Estamos muito gratos, porque aquela oração longa teria nos matado!".

Aí está uma linda história que mostra que a religião tradicional, ortodoxa, se tornou morta. A religiosidade tem de surgir dentro do seu coração como uma oferta individual de amor e fragrância para o cosmos.

Mesmo Deus não é necessário para uma pessoa religiosa, pois Deus é uma hipótese não provada, e uma pessoa religiosa não pode aceitar uma coisa não provada. Ela só pode aceitar aquilo que sente.

O que você sente? A respiração, as batidas do coração... A existência respira dentro e fora de você, a existência continua lhe dando vida a todo momento. Mas você nunca olhou para as árvores, nunca olhou para as flores e para sua beleza e nunca pensou que elas são divinas. Elas são, na verdade, o único Deus que existe.

Toda esta existência está cheia da virtude de Deus. Se você está cheio de religiosidade, toda a existência se torna simultaneamente cheia da virtude de Deus. Para mim, isso é religião.

Satyan Shivam Sundram, sessão 13

2 – Crença: a maior ilusão

O homem precisa de religião?

A verdadeira religião não tem nada a ver com Deus, com o diabo, com céu ou inferno.

A palavra "religião" tem de ser entendida. Ela é significativa: significa unir as partes para que elas não sejam mais partes, mas tornem-se um todo. O significado principal da palavra religião é unir as coisas de tal maneira que a parte não seja mais uma parte, mas torne-se o todo. Cada parte torna-se o todo, em união. Cada parte, separada, está morta; com as partes unidas, uma nova qualidade aparece, a qualidade do todo, e trazer essa qualidade para a sua vida é o propósito da religião. Não tem nada a ver com Deus ou com o diabo.

Mas a maneira como as religiões têm funcionado no mundo... elas têm mudado sua propriedade, a verdadeira estrutura, em vez de torná-la uma ciência de integração, para que o homem não seja muitos, mas um. Comumente, você é muitos, uma multidão. É necessário dissolver essa multidão num todo, de modo que tudo em você comece a funcionar em harmonia com tudo o mais dentro de você e não haja nenhum conflito, nenhuma divisão, nenhuma luta, ninguém superior, ninguém inferior... você sendo simplesmente um todo harmonioso.

As religiões ao redor do mundo têm ajudado a humanidade a esquecer até mesmo o significado da palavra. Elas são contra o homem integrado, porque ele não precisa de Deus, não precisa de sacerdote, não precisa de Igreja. O homem integrado é suficiente em si mesmo. É total. E para mim isso o torna sagrado, pois ele é total. Ele está tão preenchido que não há nenhuma necessidade psicológica de uma figura paterna, um Deus em algum lugar no céu que cuide dele; está tão abençoado no momento presente que você não consegue fazê-lo sentir medo do amanhã. O amanhã não existe para o homem integrado. O momento presente é tudo; não há ontens nem amanhãs.

Você não pode manipular o homem integrado por meio dessas estúpidas estratégias infantis: "Se você fizer isso, obterá o céu e todos os seus prazeres; se você fizer aquilo, cairá no fogo do inferno e sofrerá durante toda a eternidade".

O homem integrado simplesmente ri desse absurdo todo. Não tem medo nenhum do futuro, pois você não pode criar o inferno. Ele não tem ansiedade nenhuma pelo futuro, pois você não pode criar o céu. Ele não precisa de proteção, não precisa de alguém para guiá-lo e levá-lo a algum lugar. Ele não tem objetivos nem motivações. Cada momento é tão completo que ele não fica esperando para ser completado por um outro momento que virá algum dia nesta vida, ou talvez na próxima vida... Cada momento é repleto, cheio, transbordante, e tudo o que ele conhece é uma enorme gratidão por esta bela existência. Isso também ele não diz, porque a existência não entende a linguagem. Essa gratidão é o seu próprio ser.

Assim, não importa o que ele esteja fazendo, há gratidão. Se ele não estiver fazendo coisa alguma, simplesmente sentado em silêncio, há gratidão. Não é como os muçulmanos, que agradecem a Deus cinco vezes por dia, mas o que eles fazem entre essas cinco vezes? Se você não estiver sendo grato entre essas cinco vezes, a sua gratidão é apenas um ritual, não é a sua vida.

Minha secretária acabou de me trazer um livro sobre uma sociedade cristã que "celebra uma semana de perdão ao redor do mundo". Qualquer cidade pode se tornar um membro da sociedade, mas apenas uma cidade em cada país; então, a cidade aparece no mapa mundial da "sociedade do perdão". As pessoas que estão fazendo esse trabalho parecem de fato sérias, mas o que estão fazendo é tão infantil, tão idiota... Na segunda-feira, você perdoa a si mesmo – é assim que eles fazem –, na terça-feira você perdoa seus vizinhos, na quarta-feira perdoa seus inimigos. Depois perdoa a sua nação, daí perdoa todas as nações... e o programa todo é para os sete dias. Na capa do livro está escrito: "Se você perdoar a si mesmo, a nação, as nações, o mundo todo, alcançará imensa felicidade. Ressentimento é ruim, arrependimento é bom".

Uma vez por ano, durante sete dias, você perdoa. E o que faz durante o ano todo? Mas se você continuar a perdoar durante o ano todo, então no próximo ano a associação estará acabada, porque no próximo ano não poderá haver a semana para perdoar, pois não restará ninguém para perdoar, você já terá perdoado a todos. Mas essas pessoas têm feito isso durante anos, e todos os anos; portanto, o perdão não as transforma.

Na capa do livro está escrito: "Seja sempre o primeiro a perdoar, seja o líder, seja o mestre do perdão". Não perca a chance de ser o primeiro a perdoar. Você vê o ponto? Mesmo no perdão há competição, há um jogo de ego... "Seja o primeiro." Mas, se todos estão tentando ser o primeiro, então quem pode ser o primeiro? Alguém tem de ser o segundo: ele já perdeu o jogo, não é mais mestre de sua sorte e destino. Portanto, seja rápido! Antes que o outro perdoe você, perdoe-o, assim você permanece o mestre de seu destino, e o líder, e o primeiro, e o seu benefício será imenso.

Porém, para perdoar alguém, primeiro você tem de ficar zangado, enraivecido, com ódio, com ressentimento, de alguma forma pensar em destruir o outro. Se essas coisas não estiverem aí, como você pode perdoar? Você tem de carregar a ferida durante o ano todo para esses sete dias de perdão. Todo mês de fevereiro esses sete dias virão, e nessa hora você tem de fazer o máximo possível para ser o primeiro. E certamente a pessoa que perdoar mais terá mais benefícios; mas quem pode perdoar mais se você não estiver carregando algum ressentimento? Como você pode perdoar? Para que pode perdoar?

Um exemplo: eu não posso perdoar ninguém no mundo inteiro. Não vejo razão alguma para qualquer pessoa ser perdoada por mim. Não estou carregando nenhuma mágoa, nenhum ressentimento. Enquanto a minha secretária estava lendo o panfleto, tentei imaginar: se eu tivesse de perdoar, quem perdoaria? Fiquei absolutamente vazio, e nenhuma resposta, nenhum nome apareceu de quem eu deveria perdoar... porque, em primeiro lugar, nunca senti ressentimento. Não tenho nenhum inimigo no mundo. Há milhões de pessoas que acham que são minhas inimigas, mas quanto a mim, não há ninguém que seja meu inimigo. Por isso, se eu tentar perdoar, a quem vou perdoar?

Foi realmente um prazer descobrir essa sociedade, e é uma sociedade internacional; centenas de cidades são membros da sociedade. Eles devem pensar que estão fazendo algo imensamente significativo, mas, no fundo, estão jogando a semente do ego em você: "Seja o primeiro...".

A religião fez tanta coisa contra a humanidade, mas com boas intenções! Essas pessoas não estavam trabalhando com má intenção, mas certamente foram idiotas, sem saber exatamente o que estavam fazendo e como funcionava a psicologia humana. Elas exploraram o homem. Por exemplo, Jesus disse: "O homem não pode viver só de pão". Verdade, verdade absoluta, pois ele precisa de muitas ilusões para viver. Apenas pão não será suficiente. Ele precisa de Deus, precisa do diabo, precisa do céu, precisa do inferno, dos papas, da Igreja, da oração e do perdão. "Nem só de pão vive o homem." Perfeitamente certo. Tire todas as ilusões e de repente essa questão surgirá: se não há Deus, se não há demônio, então o que é religião?

Todas essas religiões lhe deram ilusões porque a sua psicologia tem certas necessidades. Ou você vai além da mente – isso é a verdadeira religião – ou cria ilusões para que a sua mente não se sinta vazia, insignificante, só, uma madeira flutuante sem meta nenhuma adiante, sem fonte nenhuma atrás.

Uma das maiores necessidades da mente humana é ser necessária.

A existência parece ser absolutamente indiferente a você. Você não pode dizer que ela precisa de você, pode? Sem você, as coisas já iam perfeitamente bem: o nascer do sol estava aí, as flores germinavam, as estações iam e vinham. Se você não estivesse aqui, não faria diferença alguma. Um dia você não estará aqui novamente, e isso não fará nenhuma diferença. A existência simplesmente continua. Ela não dá a você a satisfação que sente quando a sua maior necessidade é suprida: ser necessário.

Pelo contrário, ela lhe dá a sensação de que não se importa. Talvez ela nem saiba que você existe.

Essa condição é muito desconcertante para a mente. Então entra em cena a assim chamada "religião"...

A verdadeira religião tentará ajudá-lo, de todas as maneiras, a abandonar essa necessidade, para que você veja que não há necessidade de alguém precisar de você; pedindo isso, você estará pedindo uma ilusão.

Mas a assim chamada "religião", que existe de tantas formas na Terra – hinduísmo, judaísmo, cristianismo, islamismo, budismo, jainismo e tantos "ismos", há trezentas religiões na Terra –, todas elas estão fazendo exatamente a mesma coisa, todas elas fazem o mesmo trabalho: elas lhe dão o mesmo preenchimento. Dizem que hă um Deus que se importa com você, que cuida de você, que se preocupa com o seu bem-estar, tanto é que ele envia um livro sagrado para guiar a sua vida, envia o seu filho unigênito para ajudá-lo a estar no caminho certo, envia messias e profetas para que você não se perca. Se você se perde, então eles exploram a sua segunda fraqueza: o medo do demônio, que está tentando, de todas as formas possíveis, levá-lo para o caminho errado.

Em geral, a humanidade, da forma como existe agora, por um lado precisa de um Deus, de um protetor, de um guia, de ajuda, e, por outro lado, de um inferno, para que uma pessoa tenha medo de todos os caminhos que o sacerdote considera errados. E o que é errado e o que é certo? Em todas as sociedades, isso difere. Assim, o certo e o errado são determinados apenas por uma sociedade específica; eles não têm nenhum valor existencial.

Há um estado de consciência quando você vai além da mente e então consegue ver as coisas diretamente sem nenhum preconceito, sem nenhuma ideologia que cubra seus olhos. Quando consegue ver diretamente, de imediato, sabe o que é certo e o que é errado. Não é preciso que digam nada, não é preciso que dêem mandamentos.

Toda sociedade fica propondo que isso é o certo e aquilo é o errado. Mas como impedir que você faça o que ela julga errado? O problema é que, o que quer que ela julgue errado, é, na maioria das vezes, natural, e atrai você. É errado mas é natural; assim, a profunda atração pelo natural está aí. Ela tem de criar um medo tal que se torne mais poderoso que a atração pelo natural; por isso, o inferno tem de ser inventado.

Há religiões que não estão satisfeitas com um inferno, e eu posso entender o motivo de sua insatisfação. O cristianismo está satisfeito com um inferno pela simples razão de que o inferno cristão é eterno, longitudinal. Mas os hindus, os jainas e os budistas não têm um inferno eterno, por isso eles têm de ir verticalmente: sete infernos! E cada inferno vai se tornando cada vez mais torturante, cada vez mais desumano.

Fico imaginando... essas pessoas que descreveram os infernos com todos os detalhes sangrentos eram consideradas santas. Essas pessoas, se tivessem uma chance, teriam se tornado "Adolfs Hitlers", "Josephs Stalins" e "Mao Tsé Tungs" muito facilmente. Elas tinham todas as idéias; tudo o que faltava a elas era poder. Mas, de uma forma sutil, elas tinham poder também, mas não no momento. O poder delas era ser o sacerdote líder, o papa, o *shankaracharya**, e esse poder as ajudava a jogar os outros no inferno algum dia no futuro, depois da morte.

A morte em si já é um temor muito grande... Mas isso não é suficiente para elas, porque os instintos naturais são realmente muito poderosos. E por

* O *shankaracharya* é a maior autoridade espiritual do hinduísmo. (N.E.)

que elas são contra os instintos naturais? Porque esses instintos naturais se opõem ao poder dominante.

Deixe-me explicar isso. Na Índia, Krishna tinha 16.000 esposas. O que dizer sobre os 15.999 homens que perderam suas esposas? Essas esposas foram roubadas, pegas forçosamente. Elas eram mães, esposas, em sua maioria casadas; se uma mulher fosse bela, isso era suficiente para Krishna levá-la ao campo de concentração de suas esposas. Deve ter sido praticamente uma cidade: 16.000 esposas! Então, como impedir esses 15.999 homens? Se eles se reunissem, poderiam matar esse homem e pegar suas esposas. Eles deviam ser impedidos.

O sacerdote tinha de inventar maneiras, pois ele era protegido por Krishna. E Krishna tinha o poder, o poder temporal, em suas mãos – o exército, a corte, a lei – e ele protegia o sacerdote. A lei hindu diz que, se você matar um *sudra*[*], então dez anos na prisão será uma punição suficiente. Mas, se você matar um *brâmane*[**], então a pena deve ser de morte, não apenas em uma vida, mas nas próximas sete vidas; você será assassinado continuamente e só então a punição acabará. O poder temporal protege o sacerdote, e o sacerdote protege o poder temporal.

---

* Relativo a ou indivíduo dos sudras, a quarta casta da tradicional estratificação social indiana [Descendentes dos povos autóctones da península da Índia, os sudras foram subjugados pelos invasores arianos, submetidos a trabalhos servis e discriminados pela cor escura de sua pele (o que não impediu a histórica miscigenação característica do povo indiano).] (N.E.)

** Relativo a ou indivíduo dos brâmanes, membros hereditários da casta sacerdotal, a primeira da tradicional estratificação social indiana; brame, brâmene, braminá, brâmine. [Os sacerdotes de Brama se dedicam (hoje não exclusivamente e não obrigatoriamente) aos deuses, por meio do estudo e da recitação das sagradas escrituras, assim como da execução do cerimonial religioso; descendentes dos arianos invasores da península da Índia, só consolidaram sua hegemonia social (juntamente com o sistema de castas) no período bramanista da religião indiana.] (N.E.)

O sacerdote diz: "Krishna não é um homem comum; ele é a encarnação perfeita de Deus e você deveria estar feliz por ele ter escolhido sua esposa para sua consorte. Deveria alegrar-se, você é afortunado e abençoado. Você terá grandes alegrias no paraíso. Portanto, não tenha ressentimento, não fique zangado, não pense em termos de revolta. Em vez disso, aceite de uma forma leve, feliz, alegre, na verdade, com gratidão, por ele ter escolhido a sua esposa, e não a de outro".

Ora, o instinto natural do homem teria sido lutar. Krishna tomou a mãe de seus filhos, tomou a sua esposa, e contra a vontade dela. Que tipo de sociedade é essa? Mas não, seu instinto natural é destruído de duas maneiras, ou seja, de uma maneira dupla: primeiro, se você aceitar isso de boa vontade, você se beneficiará – imensos prazeres, muitas mulheres lindas, mil alegrias – no céu; segundo, se você tiver ressentimentos, ficar zangado, violento ou fizer algo contra Krishna, que é a encarnação de Deus, sofrerá no sétimo inferno. Assim, você pode escolher. Qualquer coisa que seja contra o poder dominante...

A pobreza é ensinada por todas as religiões – "Abençoados são os pobres" – e não apenas por Jesus. Jesus diz isso muito precisamente, e em sua totalidade, em uma sentença, um aforismo: "Abençoados são os pobres, pois eles herdarão o reino de Deus". Mas esse é um ensinamento de todas as religiões. Você deve aceitar a sua pobreza como uma bênção, como um presente dado por Deus. Isso é apenas um teste para a sua fé. Se você puder passar por essa prova de fogo da pobreza, sem pensar, de maneira nenhuma, que isso é injusto, se puder passar por isso como um presente dado por Deus, então o reino de Deus será seu.

É um grande consolo para Lázaro quando Jesus lhe fala. Lázaro era muito pobre, e o homem mais rico do vilarejo estava dando uma festa de aniversário. Lázaro estava faminto, sedento, e, passando por esse vilarejo, pediu um pouco de água, e os serventes o expulsaram. Eles disseram: "Você não vê que o nosso mestre está dando uma festa e convidados importantes estão reunidos aqui? E você é apenas um mendigo. Tem a petulância de entrar aqui na casa e pedir água. Vá para o inferno! Saia daqui o mais rápido possível". Jesus diz a Lázaro: "Não se preocupe. Você irá para o paraíso e desfrutará de todos os prazeres, mas esse homem sofrerá no fogo do inferno, sedento, e pedirá: 'Lázaro, dê-me um pouco de água'". Grande consolo! Mais uma grande estratégia para proteger o rico do pobre. Os ricos são poucos, os pobres são muitos. Uma vez que entendam que isso não é uma bênção, mas uma maldição, eles matarão todas essas pessoas ricas. Isso é bom de ambas as formas: um consolo para o pobre, para que a pobreza seja uma bênção, e uma proteção para o rico, para que o pobre não possa se revoltar.

As religiões têm sido a razão pela qual a pobreza continua existindo no mundo; se não fosse assim, não haveria razão para isso, especialmente agora, quando a ciência e a tecnologia podem transformar toda esta Terra num paraíso. As pessoas religiosas não gostariam de que esta Terra fosse transformada num paraíso, porque então o que aconteceria com o paraíso delas? Elas adorariam que a Terra permanecesse tão pobre, tão faminta e tão doente como está, porque todos os seus negócios dependem disso. O rico faz doações à Igreja porque a Igreja o protege; o pobre, que nem mesmo tem o suficiente para comer, também faz doações; ele doa à Igreja porque é ela que lhe dá orientação. E esta vida é curta, esta vida não é muito grande; parte dela já se foi, resta pouco. Isso também passará, e então haverá a vida eterna, de alegrias eternas. A Igreja mostra o caminho. Jesus mostra o caminho.

As pessoas religiosas têm ensinado a jejuar. Isso é contra a natureza. Jejuar é tão ruim quanto comer muito. Se você fica se empanturrando, sobrecarregando-se, isso é artificial, e há algo de errado com você psicologicamente. Talvez você esteja se sentindo tão vazio que fica se empanturrando com qualquer coisa que apareça em suas mãos, apenas para preencher todo o seu vazio psicológico. Mas por que as religiões o colocam contra os seus instintos naturais? Por uma simples razão: para fazê-lo sentir-se culpado. Deixe-me repetir essa palavra: culpa. Esse é o foco das religiões para destruí-lo, explorá-lo, moldá-lo, humilhá-lo, criar desrespeito por você. Uma vez criada a culpa, você começa a se sentir assim: "Eu sou uma pessoa culpada, um pecador". O trabalho deles está feito. Então, quem pode salvá-lo? Aí um salvador é necessário. Mas primeiro cria-se a culpa.

Ouvi falar sobre dois jovens cujo negócio era o seguinte: um deles entrava na cidade durante a noite e jogava alcatrão de hulha* nas portas e janelas das casas, e depois deixava a cidade. De manhã, todos ficavam perplexos. Suas portas e janelas estavam destruídas. E agora, como limpá-las? E então, de repente, o segundo homem aparecia – eles eram sócios no negócio – e anunciava: "Eu limpo alcatrão de hulha". Assim, todos corriam até ele dizendo: "Por favor, venha à minha casa e limpe as minhas janelas". E o outro homem, àquela hora, estava fazendo o trabalho na próxima cidade. Quando um acabava de limpar uma cidade, o outro homem já preparava a próxima cidade para o outro limpar. Um sujava a casa das pessoas e o outro limpava. Eles eram sócios, e o negócio era dividido meio a meio.

---

* Segundo o *Dicionário Eletrônico Houaiss da Língua Portuguesa*, alcatrão de hulha é uma mistura complexa de substâncias ácidas (fenóis), básicas (anilina, piridina etc.) e neutras (benzeno, naftaleno etc.). [É a mais freqüente fonte natural dos compostos aromáticos de grande importância na indústria em geral.] (N.E.)

Primeiro o sacerdote cria a culpa – isto é, joga alcatrão de hulha em sua face – e então é necessário que alguém a limpe. E não é na face visível, mas na sua realidade invisível que ele fica jogando alcatrão de hulha. Você não consegue limpá-la sozinho, porque não sabe o que é essa realidade. Tudo o que sabe é que o sacerdote o convenceu de que você é culpado. A consciência é criada pela sociedade.

Você me pergunta: "Se não há Deus e não há diabo, então qual é a necessidade da religião?". Aí é que haverá necessidade da verdadeira religião. Quando Deus está aí e o diabo está aí, não há espaço algum para religião. Esses dois são suficientes para ocupar todo o espaço. Esses dois são ilusões tão grandes que não sobra espaço nenhum para a religião. Primeiro você deve matar Deus e o diabo, completamente, para criar espaço para a religião. Então a religião não virá para explorar as suas necessidades psicológicas, mas sim para transformar o seu ser para que você possa ir além das suas necessidades psicológicas e ver que essas necessidades não são verdadeiras.

Por exemplo: se você estiver com necessidades psicológicas, então estará solitário. Se já estiver além de suas necessidades psicológicas, você saberá que está só. E a solitude tem força. Solidão é fraqueza, é pedir sempre pelo outro, é dependência do outro; por isso, o outro tem poder sobre você, ou você tem poder sobre o outro. Que poder o marido tem sobre a esposa? Que poder a esposa tem sobre o marido? Simplesmente esse: sem o outro eles se sentem solitários. E, quando alguém se sente solitário, o medo surge. Estranho... dois covardes, duas pessoas cheias de medo, quando estão juntas começam a se sentir muito bem. A solidão delas é dupla. Elas deveriam se sentir mais solitárias ainda, e, na realidade, isso acaba acontecendo mais cedo ou mais tarde, depois da lua-de-mel. Você não consegue encontrar uma esposa e um marido; eles podem estar sentados juntos, mas não estão juntos. Ambos estão solitários. E então ficam zangados porque o outro não está satisfazendo suas necessidades. Assim, qualquer desculpa é suficiente para brigar; pelo menos, brigando, eles esquecem da sua solidão. A briga também satisfaz um propósito. Mas, quando alguém vai além de seus problemas psicológicos, vê uma transformação. Não é mais solidão; é simplesmente solitude, e é uma verdade.

A religião é o caminho para ir além da mente, porque a mente é fragmentada, dividida, uma multidão, muitos. E, quando se vai além dela, a consciência torna-se uma, não-dividida, indivisível, individual. Conhecer essa consciência indivisível é conhecer tudo. Nada mais é necessário.

Unconsciousness to Consciousness, discurso 25

3 – O casal perfeito

O demônio é necessário para que Deus exista?

Ambos, Deus e o demônio, são hipotéticos. Deus não existe da maneira que você existe, que as árvores existem, que as montanhas existem; é apenas uma hipótese. E, por causa da hipótese de Deus, os teólogos tiveram de criar seu outro pólo, a outra polaridade, o demônio. Assim, o demônio torna-se a escuridão e Deus torna-se a luz.

Os upanixades hindus, textos filosóficos escritos entre os séculos VIII a.C. e IV a.C., que foi anexado às escrituras hindus como Vedanta, têm uma das mais belas orações, talvez a mais bela em todo o mundo da religião. Amo sua poesia, mas não concordo com sua filosofia. A oração é curta, mas cheia de significado e expressão. Ela diz: "Leve-me da escuridão para a luz" (*lamsoma jyotirgamaya*); "Leve-me da não-verdade para a verdade" (*Astoma sadgamaya*); e na parte final diz: "Leve-me da morte para a vida" (*Mityorma amritamgamaya*).

É pura poesia, você não pode melhorá-la, mas é totalmente falsa, porque a escuridão e a luz são um fenômeno. Você não pode ir da escuridão para a luz, porque a luz não é nada mais que um pouco de escuridão, e a escuridão não é nada mais que um pouco menos de luz. É uma diferença de níveis. E nem pode ir da não-verdade para a verdade, pois a mesma diferença de níveis está aí. Toda não-verdade tem algo de verdadeiro nela, e toda verdade expressa tem de dar as mãos para a não-verdade. E você não pode ir da morte para a vida eterna, porque a morte faz parte da vida. Ela não é contra; é o próprio desenrolar da vida. Ambas existem juntas. Uma pessoa que não pode morrer também não pode viver. A vida coexiste com a morte quase como as duas asas de um pássaro: o pássaro não consegue voar no céu apenas com uma asa. A vida e a morte são exatamente como suas duas pernas: você não consegue se mover com uma perna só.

A existência é dialética: ela sempre tem o seu oposto. Sem o oposto, ela não existe, pois o homem criou Deus como o mais sagrado dos sagrados, e ele tinha de criar um demônio por uma necessidade absolutamente filosófica! O demônio é a contraparte de Deus. Você ficará surpreso ao saber que "demônio" significa "divino". Mas ambos são hipotéticos. É realmente estranho que ninguém tenha se importado com o demônio, que é uma pessoa mais importante que Deus. Deus pode ter criado o mundo, mas o demônio o está dirigindo, e dirigindo-o tão diabólica e tão perfeitamente!

Gengis Khan, Tamerlão, Nadirshah, Adolf Hitler, Joseph Stálin, Benito Mussolini, Ronald Reagan... quem você acha que eles representam? Certamente não é Deus! Eles representam o demônio e fizeram a nossa história. Eles são as pessoas que continuam criando cada vez mais mal no mundo.

Friedrich Nietzsche declarou: "Deus está morto e o homem está livre". Sua afirmação é incompleta; ele se esqueceu do demônio. Deus pode estar morto – e o mais provável é que ele não consiga sobreviver ao demônio por tanto tempo –, mas o demônio está aí. E, a menos que o demônio também esteja morto, o homem não pode estar livre.

O verdadeiro problema do homem não é Deus, essa pobre pessoa que nunca foi vista depois daqueles seis dias em que criou o mundo. Desde então, ninguém sabe onde ele se encontra – se está doente ou ficou tão cansado de criar o mundo em seis dias que no sétimo dia descansou... isso é permitido. Mas o que aconteceu na segunda-feira seguinte? Nos dias de trabalho ele deveria estar de volta. Desde então, tem estado em férias... e por uma eternidade. O mais provável é que tenha morrido.

Mas o demônio ainda está vivo e mostra-se freqüentemente. Você não pode conceber Adolf Hitler em qualquer outra forma a não ser em uma encarnação do demônio; você não pode pensar em Nadirshah e sua grande companhia, Tamerlão e Gengis Khan, como qualquer outra coisa a não ser uma encarnação do demônio. Lembrei-me de um caso...

Nadirshah atacou a Índia, e ele era um homem que tinha tanto prazer em matar pessoas que sua vida toda foi matar e matar. Uma noite, ele pediu que seus soldados lhe trouxessem a mulher mais bonita da região. Eles trouxeram uma prostituta de um vilarejo próximo. Na Índia, as prostitutas são um pouco diferentes das do Ocidente. No Ocidente, elas são apenas objetos sexuais. No Oriente, são artistas, dançarinas, cantoras; ser objeto sexual é secundário. Ela dançou, e Nadirshah ficou muito feliz. A noite estava quase findando, quando Nadirshah disse: "Agora eu quero dormir, você pode voltar". Ele deu presentes valiosos à mulher, mas ela disse: "Está escuro lá fora. Com tanto dinheiro, tantos diamantes... Sou uma mulher e estou só, e o meu caminho é por uma floresta escura. Eu não posso ir". Nadirshah disse aos seus soldados: "Vão na frente dela e queimem tudo o que encontrarem, floresta, vilarejos, qualquer coisa. Torne-os luz".

Ninguém faz luz dessa maneira, em uma situação em que apenas uma pequena tocha era suficiente. Mas Nadirshah tinha uma mente diabólica. Queimou sete vilarejos e uma floresta toda para fazer com que parecesse quase dia. Ele disse à prostituta: "Agora você pode ir, e então se lembrará de que não veio ver nenhum Tom, Dick ou Hany; você veio visitar o grande imperador Nadirshah. Ele pode transformar a noite em dia". Milhares de aldeões foram queimados vivos.

Você não pode dizer que um homem como esse representa Deus.

O demônio está espalhado por toda a nossa história. Mesmo hoje, o demônio está dirigindo você. O demônio é político, sempre foi político. Deus é um cara legal – se ele existir –, muito distinto, e tem permanecido quase anônimo, quase um ninguém. Se tivermos de julgar quem é o mais importante, indubitavelmente é o demônio.

Deus e o demônio são apenas hipóteses teológicas. Isso simplesmente mostra a fraqueza dos teólogos de não conseguirem dirigir o mundo sem falsas hipóteses para apoiar seus sistemas. Eles precisavam de Deus para criar o mundo, sem jamais se preocupar com quem criou Deus. Sua idéia fundamental é que, sem alguém para criar, nada pode ser criado.

É por isso que eles aceitam Deus como o criador do mundo. Mas por que parar em Deus? O que aconteceu com a tese original?

A tese era que nada pode ser criado sem um criador. Quem criou Deus? De acordo com todas as religiões, a questão permaneceu sem ser respondida. Eles sabem que, se dissessem que Deus A foi criado pelo Deus B, teriam mais problemas. Então Deus C e Deus D, e o alfabeto todo... Quando chegarem ao X, Y, Z, nada estará resolvido. Quem teria criado o Deus Z?

Na verdade, eles partiram de uma premissa muito errada. A existência é intrinsecamente autogerada. Ela sempre esteve aqui. Com isso, a questão da criação não surge. Ela sempre estará aqui. Com isso, a questão da destruição não surge. A existência pode passar por muitas fases de evolução, mas permanecerá.

Se Deus puder ser abandonado, não haverá necessidade alguma do demônio. Eles formam um casal. Mas o demônio parece vir atuando no mundo há séculos; desde aqueles seis dias, ele é o encarregado. O mais provável, se você quiser que a hipótese também seja vista de uma perspectiva de macho e fêmea, é que ele seja o macho, porque tem trabalhado o tempo todo. E Deus deve ser uma dona-de-casa; é por isso que você não a vê mais no mercado. Mas o demônio pode ser encontrado em qualquer lugar. Você não tem de procurá-lo; ele está procurando por você!

Eu estou mais interessado em que você se livre de ambos, quem quer que eles possam ser, macho ou fêmea. Livrando-se de ambos, a existência fica com uma liberdade absoluta; o homem atinge a dignidade e o auto-respeito. A própria idéia de Deus e de demônio torna o homem escravo de um ou escravo do outro. Os pecadores são os serventes do demônio, e os santos são os serventes de Deus. Mas ser um servente, ser um escravo, é contra a dignidade humana.

Por isso eu digo a você: Deus está morto, o demônio está morto. A morte deles é muito necessária para você estar vivo. Se eles estiverem vivos, você está morto; está aprisionado de ambos os lados. Então o homem tem de fazer um jogo estranho continuamente – trabalhar para o demônio e venerar Deus – porque ele tem de manter ambos felizes.

Um velho estava morrendo e de repente começou a venerar Deus primeiro, repetindo seu nome, e depois o nome do demônio. Sua família ficou espantada. Eles disseram: "Você está louco? Nos últimos momentos de sua vida você se lembra do demônio?" E ele disse: "Não quero correr nenhum risco. Quem sabe para onde eu vou e quem vou encontrar? E não custa nada, por isso me lembrarei de ambos. Quem quer que me encontre, eu terei lembrado dele; e, se ninguém me encontrar, não há problema algum. Se ambos me encontrarem, também não há problema. Estou calculando todas as possibilidades".

O homem é esmagado entre o demônio e Deus, entre o bem e o mal.

Eu quero que o homem não seja esmagado, não seja escravizado, mas que seja um indivíduo por seu próprio direito, livre. E por meio dessa liberdade, por meio dessa consciência, ele deveria agir por ele, e não de acordo com o que Deus quer.

Eu contei a história dos dez mandamentos? Quando Deus fez o mundo, ele foi aos babilônios e disse: "Vocês gostariam de ter um mandamento?" Eles responderam: "Primeiro gostaríamos de ver o que é". E ele falou: "Vocês não deveriam cometer adultério". Os babilônios disseram: "O que faríamos? Nós não queremos nenhum mandamento, por favor, perdoe-nos". Ele foi então aos egípcios e a outras raças. Ninguém queria. Todos perguntavam: "Qual é o mandamento?" e respondiam: "Não queremos ficar enjaulados em mandamento algum. Queremos viver por nós mesmos". Finalmente ele chegou a Moisés e perguntou-lhe: "Você quer ter um mandamento?". Moisés perguntou: "Quanto custa?". Essa é uma pergunta rara! Deus havia andado pelo mundo todo... e só Moisés perguntou o preço; e foi a primeira coisa que perguntou. Deus disse: "Não custa nada". Moisés falou: "Então ficarei com dez! Se não custa nada, por que não ficar com dez?" E foi assim que surgiram os dez mandamentos!

Todas as religiões criaram seus próprios mandamentos – estranhos, antinaturais – por medo ou por avareza. Eles fizeram esta pobre humanidade que você vê no mundo. Até mesmo o mais rico dos homens é tão pobre porque ele não tem a liberdade de agir de acordo com a sua própria consciência. Ele tem de agir segundo os princípios dados por outra pessoa, e não se sabe se essa pessoa foi um vigarista, impostor, poeta, sonhador. Não há nenhuma evidência, porque tantas pessoas alegam que são encarnações de Deus, que são mensageiros de Deus, que são profetas de Deus, e todas elas trazem diferentes mensagens. Ou Deus é louco ou essas pessoas estão simplesmente mentindo. O mais provável é que estejam mentindo.

Você ser um profeta, um messias, um avatar ou um tirthankara* lhe dá um grande sentimento egoísta, de ser alguém especial, e não apenas um ser humano comum. Então você pode dominar. Esse é um tipo diferente de política. Onde quer que haja domínio, há política. O político está dominando por causa da força física: seus exércitos, seus armamentos, suas armas nucleares. Os profetas, messias, salvadores e avatares religiosos estão dominando espiritualmente. Esse domínio é mais perigoso, pois todos eles são muito mais políticos. Eles estão dominando a sua vida não apenas do lado de fora, mas também do

* No jainismo, um tirthankara é um ser que conseguiu escapar ao ciclo dos renascimentos e ensinou aos outros como poderiam escapar também desse ciclo. A palavra é sinônimo de jina (vencedor). (N.E.)

lado de dentro. Eles se tornaram o seu interior, tornaram-se a sua moralidade, tornaram-se a sua consciência, tornaram-se o seu próprio ser espiritual.

Interiormente, eles ficam dominando-o, dizendo o que é certo, o que é errado. Você tem de segui-los; caso contrário, começa a se sentir culpado, e a culpa é uma das maiores doenças espirituais. Se você os segue, começa a se sentir antinatural, neurótico, pervertido, porque não está seguindo a sua natureza. Se você segue a sua natureza, não está seguindo seus profetas e seus salvadores. Todas essas religiões criaram para o homem uma situação na qual ele não pode se sentir à vontade, não pode curtir a vida, não pode vivê-la em sua totalidade.

Deixe a humanidade ficar livre de todas essas velhas superstições que têm dominado de modo tão perverso e distorcido a natureza humana tão imensamente. Você pode ver o resultado, que é a humanidade. Você diz que se conhece uma árvore por seus frutos. Se isso for verdade – e isso é verdade – então todo o passado de profetas, salvadores, avatares, tirthankaras, Deus, demônio, deveria ser julgado pela humanidade que se vê hoje. Essa humanidade é insana, miserável, sofrida, cheia de raiva, ódio, ira... Se esse é o resultado de todas as religiões, de todos os líderes, quer sejam políticos, quer sejam religiosos, então é melhor deixar que Deus e o demônio morram. Sem Deus e o demônio, os líderes políticos e religiosos não terão apoio algum; eles serão os próximos a morrer.

Eu quero que o homem seja politicamente livre, religiosamente livre, livre em todas as dimensões, para funcionar por intermédio de sua própria voz baixa e serena, por intermédio de sua própria consciência. E este será um mundo lindo, uma verdadeira revolução.

The Great Pilgrimage, sessão 4

4 – Fantasia do fantasma Füehrer

Parece-me que o homem quer acreditar em Deus porque quer saber que há alguma ordem em sua vida, que alguém está no controle. Mas, quando olho ao meu redor, exceto no que o homem conseguiu interferir, a existência parece estar se dirigindo perfeitamente bem. Você poderia comentar sobre isso?

O todo funciona de modo orgânico.

Tudo está relacionado com tudo o mais. A menor folha de grama está conectada com a maior estrela a milhões de anos-luz de distância. Tudo está funcionando e não há ninguém comandando.

A existência é, em si mesma, o mestre. E o que quer que aconteça é espontâneo: ninguém comanda, ninguém segue. Esse é o maior dos mistérios.

Pelo fato de esse mistério não poder ser compreendido, desde o início as pessoas começaram a imaginar um Deus. A sua imaginação de um Deus é apenas sua dificuldade psicológica de aceitar esse tremendo universo, funcionando espontaneamente por si mesmo, sem nenhum acidente, sem nem ao menos um guarda de trânsito! E milhões de estrelas...

Há alguns dias, a minha secretária deu-me a notícia de que na Califórnia algo muito novo de repente surgiu. Durante a semana passada, cinco pessoas foram assassinadas a tiros de revólver. E isso está acontecendo nas ruas, porque as ruas se tornaram tão pequenas e o tráfego é tão grande que os carros quase não estão se movendo. As ruas parecem ser estacionamentos.

E as pessoas estão carregando revólveres em seus carros porque ficam tão perturbadas pelo fato de o homem que está na frente ir tão devagar que isso as enlouquece. Elas ficam buzinando, mas nada se move. Milhares de buzinas por todos os lados. E na semana passada cinco pessoas estacionadas do lado da rua tiraram seus revólveres e atiraram no homem que estava na frente, que elas não conheciam. Mas ele estava com o mesmo problema, não o estava criando. O problema era apenas que o homem estava na frente. E isso é apenas o começo. Começou na semana passada, e agora isso crescerá, porque, quando as coisas começam, é muito difícil interrompê-las, principalmente na Califórnia!

Quase todas as raças do mundo conceberam um Deus. É simplesmente um problema psicológico, não tem nada a ver com religião, nada a ver com filosofia. É simplesmente incompreensível, inconcebível, como este imenso universo está se movendo sem nenhum controlador, como começou a existir sem nenhum criador. Só porque as pessoas não conseguiram esticar suas imaginações e suas lógicas, elas inventaram... Só para se consolarem de que não há nada com que se preocupar; caso contrário, seria muito difícil até mesmo dormir. Milhões de estrelas e galáxias estão se movendo, e quem sabe, à noite, uma colisão vá acontecer. Ninguém está tomando conta de tudo isso. Não há nenhum policial, nenhuma corte, nenhuma lei.

Mas, por mais estranho que pareça, tudo está indo muito suavemente. As estações mudam e as nuvens vêm com as chuvas. As estações mudam e surgem novas folhas e novas flores... e isso tem acontecido desde sempre. Ninguém se intromete, ninguém diz ao Sol que está na hora; não há despertador que toque de manhã para dizer ao Sol: "Saia! Saia de baixo dos seus cobertores!". As coisas estão indo perfeitamente bem.

Na verdade, a minha própria negação de Deus está baseada no mesmo raciocínio. Digo que Deus não existe porque nenhum Deus pode dirigir este imenso universo. É intrinsecamente espontâneo; não pode ser dirigido pelo exterior. A menos que haja alguma coerência interior, alguma unidade orgânica interior, nenhum controlador externo pode ficar dirigindo-o durante a eternidade. Ele ficará entediado e dará um tiro na cabeça, pois qual é o propósito? Ninguém vai pagá-lo, ninguém ao menos sabe seu endereço!

Ouvi dizer que um homem escreveu uma carta para Deus porque ele precisava de 50 dólares urgentemente. Não sabendo o endereço, enviou-a a Deus, o Pai, aos cuidados do funcionário do correio, porque ele deveria saber. O funcionário abriu a carta. O que era aquela carta, a quem deveria ser enviada... a Deus? Ele leu a carta e sentiu-se penalizado pelo homem; ele realmente deveria estar em grande dificuldade. Ele havia escrito que sua mãe estava morrendo, que ele não tinha emprego, não tinha dinheiro para comida, que não tinha dinheiro para comprar remédios. "Apenas uma vez, envie-me

50 dólares e eu nunca mais pedirei." O funcionário do correio disse: "Algo precisa ser feito, porque esse homem não deveria se sentir desapontado".

O funcionário não era muito rico, e por isso pediu a todas as pessoas no correio para, por favor, contribuírem com alguma coisa. Ele conseguiu 45 dólares e pensou: "Algo é melhor que nada, só faltam cinco dólares". Enviou os 45 dólares. O homem ficou muito zangado. E disse a Deus: "Escute, da próxima vez que você enviar, não envie pelo correio, porque as pessoas de lá tiraram cinco dólares".

A minha maneira de compreender é que a existência não pode ser dirigida pelo lado de fora. Isso é inconcebível. Por que qualquer Deus deveria assumir o problema, e por quanto tempo ele conseguiria? De vez em quando, pode se sentir cansado, e, de vez em quando, pode estar de férias. O que acontecerá nas férias? E quando ele estiver cansado ou estiver dormindo, o que acontecerá? As rosas pararão de crescer, as estrelas irão pelo caminho errado, o Sol pode começar a surgir no oeste – quem o impedirá? – só para variar, só por um dia. Não, pelo lado de fora é impossível. Deus é absolutamente absurdo. Ninguém pode dirigir a existência pelo lado de fora. A única possibilidade é pelo interior. É como um ser orgânico.

The Invitation, sessão 2

5 – Deus:
uma muleta para os psicologicamente aleijados

O conceito de "Deus, o Pai" é útil?

Não é coincidência que as religiões chamem Deus de "o Pai". Essas são as idéias de pessoas psicologicamente doentes. Os cristãos chamam seus sacerdotes de "pai". Essas religiões, que chamam Deus de "pai", e as religiões que chamam seus sacerdotes de "pai", em vez de ajudá-lo a sair da sua patologia, da sua doença, ajudam você a ficar mais doente, mais patológico. Todo o negócio deles depende da sua doença.

É muito estranho que Deus, que nem mesmo é casado, seja chamado de "pai", e os sacerdotes, que nem mesmo são casados, que não têm filhos, sejam chamados de "pai". Mas eles são chamados de "pai" porque, algum dia, todos vão perder seu pai, e então eles serão os substitutos. Eles serão pais substitutos, mas também são mortais; assim, qualquer dia podem morrer. Até mesmo o papa pode desaparecer de repente, a qualquer momento. Por isso, as religiões criaram um pai eterno. Pelo menos, Deus ficará sempre com você. E todas as religiões definem Deus como presente em todo lugar: onipresente, todo-poderoso: onipotente e todo conhecedor: onisciente.

Ouvi falar de uma freira que costumava tomar banho de roupa num banheiro fechado. As outras freiras perceberam que isso parecia ser algum tipo de insanidade. Elas perguntaram à freira: "Qual é o problema? Por que você não tira a roupa e toma um bom banho?". Ela falou: "Como posso fazer isso? Deus está presente em todo lugar". Mesmo no banheiro, com as portas fechadas, você não está sozinho. Deus parece ser um tipo de abelhudo; por isso, sempre que você fechar a porta do banheiro, olhe ao redor: ele deve estar escondido em algum canto observando o que está acontecendo.

A freira estava logicamente certa porque, se a hipótese da onipresença de Deus for verdadeira, então certamente ele não pode sair do banheiro só porque uma mulher está tomando banho. Ele não pode ser tão cavalheiro assim. Mesmo que ele estivesse do lado de fora, se a mulher estivesse tomando banho ele entraria no banheiro. Essa freira estava fazendo a coisa absolutamente lógica.

Mas esse Deus é criado apenas para ajudar essas pessoas que estão sempre precisando de uma figura paterna que as proteja, que seja sua segurança, que seja sua conta corrente. Sem ele, elas ficarão sozinhas nessa vasta existência. Você carregou a idéia até mesmo aqui, mas eu não posso sustentar a sua patologia. Estou aqui para destruir todos os tipos de doenças psicológicas, para lhe dar um bem-estar espiritual.

Sempre que vejo pessoas que são fixadas – e raramente há pessoas que não são – lembro de crianças nas estações de trem, nos aeroportos, carregando seus ursinhos sujos, fedidos, parecendo italianos, como se estivessem empanturrados com espaguete. Estão se agarrando a eles, não conseguem dormir sem eles; aonde quer que vão, carregam seus ursinhos. Você também tem seus ursinhos, mas eles não são visíveis. Tudo bem para as crianças, mas as pessoas devem se livrar desse tipo de patologia infantil; devem se tornar mais maduras.

Nenhum católico pode ser maduro, nenhuma pessoa religiosa pode ser madura, porque há sempre o ursinho lá em cima: Deus. Eles não podem viver sem uma hipótese falsa, sem uma mentira. Mas essa mentira ajuda; ela dá um certo conforto. Buscar conforto ou consolo é permanecer retardado. Saia desse retardamento e torne-se adulto.

The Rebellious Spirit, sessão 15

6 – Cingidos pela culpa

A coisa mais forte na minha criação cristã foi ser altruísta, não pensar em mim mesmo. Agora, lembrando de mim e seguindo o ímpeto de me voltar para dentro, parece que tenho de passar forçosamente por uma camada de desconforto, culpa e confusão. Sei que há uma grande diferença. Você poderia nos falar sobre isso?

Todas as religiões têm causado um imenso dano para o crescimento do homem, mas o cristianismo está no topo no que diz respeito a danificar a humanidade. Eles têm usado lindas palavras para esconder os atos vis que estão fazendo contra você; por exemplo: altruísmo. Dizer a um homem que não se conhece para que seja altruísta é tão afrontosamente idiota que não se pode acreditar. Durante dois mil anos o cristianismo tem feito isso.

Sócrates diz: "Conheça a si mesmo". Qualquer outra coisa é secundária. Conhecendo-se, você pode ser altruísta. Na verdade, você será altruísta e não será um esforço da sua parte. Conhecendo-se, você não apenas conhecerá a si mesmo, mas conhecerá o eu de todos. É o mesmo. É uma consciência, um continente. As pessoas não são ilhas.

Mas, sem ensinar as pessoas a conhecer seus próprios seres, o cristianismo tem feito um jogo muito perigoso, e que atrai, porque eles têm usado uma palavra linda: "altruísmo". Parece religiosa, parece espiritual. Quando eu digo a você: "Primeiro seja egoísta", isso não parece espiritual. Egoísta? A sua mente se condicionou a ver o altruísmo como algo espiritual. Sei que é, mas, se você não for egoísta o suficiente para conhecer a si mesmo, o altruísmo será impossível. O altruísmo virá como uma conseqüência do conhecimento de si mesmo, de ser você mesmo. Então, o altruísmo não será um ato de virtude, não será feito para ganhar recompensas no céu; será simplesmente a sua natureza, e cada ato de altruísmo será uma recompensa em si.

Mas o cristianismo colocou o carro na frente dos bois; nada está se movendo, tudo está parado. Os bois estão parados porque o carro está na frente deles, e o carro não se move porque nenhum carro pode se mover a não ser que os bois estejam na frente dele, puxando-o.

Acontece a todo cristão que vem aqui: a meditação dá um sentimento de culpa. Enquanto o mundo todo está tão perturbado, enquanto as pessoas estão tão pobres, enquanto elas estão morrendo de fome, enquanto estão sofrendo de aids, você está meditando? Você deve ser totalmente egoísta. Primeiro ajude o pobre, primeiro ajude as pessoas que estão sofrendo de aids, primeiro ajude todo mundo... Mas a sua vida é muito curta. Em setenta ou oitenta anos, quantos atos altruístas você pode fazer? E quando vai encontrar tempo para a meditação? Porque, sempre que você quiser meditar, esses pobres estarão aí, doenças novas terão surgido, órfãos estarão aí, mendigos estarão aí...

Uma mãe cristã estava dizendo ao seu filhinho: "Ser altruísta é um fundamento da nossa religião. Nunca seja egoísta, ajude o próximo". O garotinho – e os garotinhos são mais perceptivos e mais claros do que os assim chamados "homens grandes" – disse: "Isso parece uma coisa muito estranha, que eu deva ajudar os outros e eles devam me ajudar. Por que não simplificar isso? Eu me ajudo, eles se ajudam". Esse fundamento da religião parece ser muito complicado; desnecessariamente complicado.

Na verdade, o cristianismo condenou todas as religiões orientais pela simples razão de que, comparadas ao cristianismo, elas parecem egoístas. Mahavira*, meditando por doze anos, deveria já estar ensinando numa escola, ou sendo enfermeiro num hospital, embora me parecesse um pouco estranho! Ele deveria cuidar de órfãos, ser uma "Madre Teresa" e ganhar um prêmio Nobel. É claro que nenhum meditador jamais recebeu um prêmio Nobel. Por quê? Porque não praticou o altruísmo. Vocês são as pessoas mais egoístas do mundo, apenas meditando e curtindo o seu silêncio, paz, bênção, encontrando a verdade, encontrando Deus, tornando-se completamente livres de todas as prisões. Mas isso é egoísmo.

Assim, a mente cristã acha um pouco difícil aceitar a idéia da meditação. No cristianismo não há meditação, apenas oração. Eles não podem considerar Gautama Buda um homem realmente religioso, porque o que ele fez pelos pobres? O que ele fez pelos doentes? O que ele fez pelos velhos? Ele se iluminou, e isso é o máximo em egoísmo.

---

* Mahavira (cerca de 599 - 527 a.C.), grande referência do jainismo, nasceu em Kundapura, perto de Vaishali, cerca de 599 a.C. Seu pai foi o rei Siddartha.

Mas o Oriente tem uma visão totalmente diferenciada e muito mais lógica, razoável e compreensível. O Oriente sempre acreditou que, a menos que você tenha paz, silêncio em seu coração, uma canção em seu ser, uma luz irradiando a sua iluminação, você não pode fazer serviço algum para ninguém. Você mesmo está doente; você mesmo é um órfão porque ainda não encontrou a segurança suprema da existência, a segurança eterna da vida. Você mesmo é tão pobre que dentro não há nada mais que escuridão. Como pode ajudar outros? Você mesmo está se afogando. Será perigoso ajudar outros. O mais provável é você afogar a outra pessoa também. Primeiro você tem de aprender a nadar. Só então pode ser de algum auxílio para alguém que esteja se afogando.

A minha abordagem é absolutamente clara. Primeiro seja egoísta e descubra tudo o que está contido em você, todas as alegrias, todas as bênçãos e todos os êxtases. Então o altruísmo virá, assim como a sua sombra segue você, porque para ter um coração dançante, para ter Deus no seu ser, você tem de compartilhar. Você não pode ficar guardando isso como um mesquinho, porque a mesquinhez no seu crescimento interior é a morte. A economia do crescimento interior é diferente da economia externa.

Um mendigo estava na rua e parou um carro. Ele pediu que lhe dessem algo, pois não comia havia três dias. O homem no carro havia acabado de ganhar na loteria. Olhando para o mendigo ele não podia acreditar: suas roupas, embora muito velhas e sujas, mostravam que ele vinha de uma boa família; seu rosto, sua linguagem, tudo indicava que ele era educado. O homem estava tão cheio de dinheiro naquele momento que tirou uma nota de cem rúpias e deu-a ao mendigo. O mendigo olhou para a nota e começou a rir. O homem perguntou: "Por que você está rindo?". O mendigo disse: "Estou rindo porque logo você estará no meu lugar. Foi assim que eu me tornei um mendigo. Já tive o meu próprio carro, já tive milhares de rúpias, mas fiquei distribuindo. Não levará muito tempo para você ficar como eu".

A economia comum mostra que, se você ficar dando, terá cada vez menos. Mas a economia espiritual diz que, se você não der, terá cada vez menos; se der, terá cada vez mais. As leis do mundo exterior e do mundo interior são diametralmente opostas. Primeiro enriqueça interiormente, primeiro torne-se um imperador, e então você terá tanto para compartilhar que nem mesmo chamará isso de altruísmo e não desejará que nenhuma recompensa lhe seja dada, aqui ou no outro mundo. Você nem mesmo pedirá pela gratidão do homem a quem deu algo. Pelo contrário, você se sentirá grato por ele não ter rejeitado você, o seu amor, a sua bênção, o seu êxtase. Ele estava receptivo, permitiu que você derramasse o seu coração, suas canções e sua música no ser dele.

A idéia cristã de altruísmo é pura estupidez. O Oriente nunca pensou da mesma forma. Sua busca pela verdade é muito longa. Ele encontrou um fato simples: que primeiro você tem de cuidar de si mesmo, e só então poderá cuidar de outros.

Você sente certa culpa. Você diz: "Parece que tenho de passar forçosamente por uma camada de desconforto, culpa e confusão. Eu sei que há uma grande diferença. Você poderia nos falar sobre isso?". É um fenômeno simples. O cristianismo enganou milhões de pessoas levando-os por um caminho errado. Nos Estados Unidos, os cristãos fundamentalistas foram a causa que destruiu a nossa comuna. Ronald Reagan é um cristão fundamentalista, e um cristão fundamentalista é a pessoa mais fanática e mais intolerante que se pode encontrar. Nós não estávamos causando dano algum a ninguém, mas o problema para eles era que nós éramos tão felizes, tão abençoados, e eles não conseguiam tolerar isso.

Até mesmo aqui, o Oriente esqueceu seus próprios picos de glória: os dias de Gautama Buda e Mahavira. Agora mesmo, as pessoas que não são cristãs são influenciadas pela ideologia cristã. A Constituição indiana diz que a caridade consiste em ajudar o pobre, dar educação ao pobre, fazer hospitais para o pobre. Nenhuma dessas três coisas será encontrada no ensinamento de Gautama Buda; não que ele seja contra ajudar o pobre, mas porque ele sabe que, se você for um meditador, você ajudará, mas não se gabará disso. Será uma coisa simples, natural. Dessa escola de mistérios eles retiraram a condição de isenção de imposto porque dizem que não é uma instituição caridosa. Ensinar meditação não é caridade. Abrir um hospital é caridade. Abrir uma escola e ensinar Geografia e História é caridade. E o que você vai ensinar de Geografia? Onde é Timburtu, onde é Constantinopla. Seu nome em hindu é Kustuntunia. De História, o que você vai ensinar? Sobre Gengis Khan, Tamerlão, Nadirshah, Alexandre, o Grande, Ivan, o Terrível. Isso é caridade...

Mas ensinar as pessoas a serem silenciosas, amorosas, alegres, contentes, a estarem em paz, satisfeitas não é caridade. Não posso conceber que possa haver caridade sem meditação. Assim, a sua culpa é apenas um condicionamento errado. Abandone-a, sem mesmo dar-lhe um segundo pensamento. Eu o tornarei altruísta tornando-o absolutamente egoísta. Primeiro, terei de torná-lo rico interiormente, tão rico, tão excessivamente rico que você terá de compartilhar, assim como uma nuvem carregada tem de compartilhar sua chuva com a terra sedenta. Mas primeiro a nuvem tem de estar cheia de chuva. Dizer às nuvens vazias: "Você deveria ser altruísta" é simplesmente irracional.

As pessoas vêm aqui bem-intencionadas e dizem: "Este é um ashram estranho. Você deveria abrir um hospital para os pobres; deveria recolher os órfãos; deveria distribuir roupas para os mendigos; deveria ajudar aqueles que precisam de ajuda". A minha própria abordagem é totalmente diferente. Eu posso distribuir métodos de controle de natalidade para o pobre para que não haja mais órfãos. Posso distribuir a pílula entre os pobres, assim não haverá nenhuma explosão de população, porque não vejo motivo para que primeiro sejam criados os órfãos e depois os orfanatos e então devamos servi-los, desperdiçando nossa vida.

Quando comecei a falar, há 35 anos, a Índia tinha uma população de apenas 400 milhões; desde então, tenho falado que o controle de natalidade é uma necessidade absoluta. Mas todos os cristãos são contra o controle de natalidade, e em apenas 35 anos a Índia mais do que dobrou a sua população. De 400 milhões foi para 900 milhões. Quinhentas milhões de pessoas poderiam ter sido evitadas e não teria havido necessidade de nenhuma Madre Teresa, nenhuma necessidade de o papa vir à Índia e ensinar altruísmo.

Mas as pessoas são estranhas; primeiro deixe que fiquem doentes e depois dê remédio. E elas encontraram lindas maneiras: em qualquer Lions Club e Rotary Club elas mantêm umas caixas para seus membros; se você comprar um vidro de remédio e se curar, e ainda restar metade no vidro, você doa-o ao Lions Club. Dessa forma, elas coletam remédios, e então elas são pessoas grandiosas, altruístas; elas distribuem o remédio. Servir é o lema deles; mas é um servir muito absurdo. Esses remédios iam ser jogados fora; se você está curado, o que vai fazer com o remédio que sobrou? É uma ótima idéia coletar todos esses remédios, distribuí-los aos pobres e ter uma grande sensação de ser servidor do povo.

Na minha visão, o que o homem precisa em primeiro lugar é de uma consciência meditativa. Após ter a sua consciência meditativa, o que quer que faça será útil a todos; você não pode causar nenhum mal, só pode fazer atos amorosos e compassivos.

Portanto, seja egoísta primeiro. Conheça-se a si mesmo, seja você mesmo, e então a sua própria vida não será nada mais que um compartilhar, um compartilhar altruísta, sem pedir qualquer recompensa neste ou no outro mundo.

The Razor's Edge, sessão 4

7 – Homem: o mosaico mental

Por que eu sempre sinto como se uma parte de mim estivesse lutando contra a outra?

A história humana tem sido uma tragédia, e a razão de ela ser uma tragédia não é muito complexa. Você não precisa ir muito longe para descobrir isso, ela está em todos. Todo o passado humano criou uma divisão no homem. Há uma constante guerra civil em todo ser humano. Se você não se sente à vontade, a razão não é pessoal. A sua doença é social.

A estratégia foi usada para dividi-lo em dois campos inimigos: de Zorba e de Buda, o materialista e o espiritualista. Na verdade, você não é dividido. Na verdade, você é um todo harmônico. Mas o condicionamento em sua mente diz que você não é um todo, um inteiro. Você tem de lutar contra o seu corpo. Se você quiser ser um ser espiritual, o corpo tem de ser conquistado, derrotado, destruído e torturado de todas as maneiras possíveis.

Essa tem sido a ideologia aceita em todo o mundo. Em culturas diferentes, em religiões diferentes, as formulações podem ser diferentes, mas a regra básica é a mesma: divida o homem, crie um conflito nele, e assim uma parte começará a se sentir superior, tornar-se sagrada, e passará a condenar a outra parte como pecadora.

E o problema é que você é um, não há como dividi-lo. Toda divisão vai criar miséria em você, toda divisão significará que metade do seu ser está lutando com a outra metade. E, se você está lutando dentro de si mesmo, como poderá sentir-se à vontade?

Até agora, toda a humanidade tem vivido de um modo esquizofrênico. Todos foram cortados em pedaços, em fragmentos. As suas religiões, as suas filosofias, as suas ideologias não têm sido processos de cura; elas têm sido as principais causas de guerra e conflito interior. Você tem se ferido. A sua mão direita fere a mão esquerda, e ambas as mãos ficam feridas.

O Ocidente finalmente escolheu ir com o Zorba. Não havia outra maneira de permanecer são; uma parte tinha de ser completamente destruída, ignorada, esquecida. O Ocidente negou a realidade interior do homem, sua consciência: o homem é apenas o corpo, não há alma, e beber, comer e ser alegre é a única religião. Essa foi simplesmente uma maneira de encontrar alguma paz de espírito, de livrar-se do conflito, de tomar uma decisão e chegar a uma conclusão, porque isso é aceitar que você é um: apenas matéria, apenas corpo.

O Oriente escolheu o outro caminho, mas o problema básico é o mesmo. O Oriente escolheu que você é a alma, e o corpo é uma ilusão. A matéria não existe, o mundo é feito da mesma coisa que os sonhos, e por isso não se preocupe com ele. Renuncie a ele, esqueça tudo sobre ele; não vale a pena dar atenção ao corpo.

Na superfície parece que o Oriente e o Ocidente estão fazendo coisas diferentes, mas essencialmente eles não estão fazendo coisas diferentes. Essencialmente, estão tentando encontrar uma forma racional de ser um, pois ser dois significa um constante desconforto, um conflito, é melhor abandonar a idéia do outro.

O Oriente diz que o corpo é ilusório, é apenas uma aparência, uma sombra, e não tem nenhuma realidade. O Ocidente diz que a consciência é um subproduto, não existe em si mesma, é uma aparência. Quando o corpo morre, nada permanece. O corpo é tudo, e a consciência que você sente é apenas a combinação de todos os elementos do corpo.

Por que o Oriente e o Ocidente escolheram diferentemente? Isso também tem de ser entendido.

A mente oriental, em busca de um ser unitário, tentou descobrir o que é exatamente essa consciência interior sobre a qual os místicos, os santos e os sábios orientais têm falado, chamando o corpo de ilusório. Para nós, o corpo parece ser real, e a consciência é apenas uma palavra. Mas, pelo fato de todos os santos no Oriente insistirem que essa palavra "consciência" é a sua realidade, o Oriente tentou descobrir o que é essa realidade antes de decidir a favor do corpo.

A tendência natural é decidir a favor do corpo, porque o corpo está aí, já parecendo real. A consciência você tem de buscar, tem de ir numa peregrinação interior.

O Oriente, por causa de pessoas como Gautama Buda e Mahavira, não podia negar que essas pessoas eram sinceras. Sua sinceridade era tão clara, sua presença era tão impressionante, suas palavras eram tão autoritárias! Era impossível negar. Nenhum argumento era suficiente, porque essas pessoas eram seus próprios argumentos, sua própria validação, e elas eram tão cheias de paz e de alegria, tão relaxadas, tão destemidas. Tinham tudo o que todo ser humano deseja, e, de certa forma, não tinham nada. Elas certamente haviam encontrado uma fonte dentro de si, um tesouro. E você não pode simplesmente negar isso sem dar tempo suficiente para a busca. A menos que descubra que não há consciência, você não pode negá-la.

Nós tivemos pessoas tão fragrantes... não podíamos ver suas rosas, mas a fragrância era tanta que o Oriente tentou olhar para dentro e viu que a alma é muito mais real. O corpo é apenas uma aparência. E, a propósito, será significativo lembrá-lo de que a ciência moderna chegou à conclusão de que a matéria é ilusória, que a matéria não existe, apenas aparenta. Chegaram a essa conclusão por uma rota muito diferente. Buscando profundamente, eles descobriram que, quando vão mais profundamente na matéria, cada vez é menos substancial. E, num certo ponto, depois do átomo, não há matéria de jeito nenhum; há apenas elétrons, que são partículas de eletricidade, que não é matéria, mas energia.

Há apenas cem anos, Nietzsche declarou: "Deus está morto", sem nenhuma forma de saber que em cem anos o todo da ciência concordaria que talvez Deus possa estar vivo, mas a matéria está morta.

O Oriente moveu-se interiormente e descobriu que o corpo, a matéria, é relativamente não-substancial. A realidade suprema pertence à consciência.

No Ocidente, o desenvolvimento aconteceu de forma diferente, e há razões para ter acontecido assim. O Oriente é antigo. São no mínimo dez mil anos de uma busca constante e consistente pela realidade interior do homem; e todos os gênios do Oriente têm se devotado a isso. Quando os *Upanixades* estavam sendo escritos no Oriente, há cerca de cinco mil anos, o Ocidente não existia como uma sociedade humana. Mesmo na época de Gautama Buda, há 25 séculos, o Ocidente não estava muito desenvolvido. Você pode ver isso: nós não crucificamos Gautama Buda, e o Ocidente crucificou Jesus Cristo quinhentos anos depois de Gautama Buda.

O que Jesus estava dizendo não era nada comparado a Gautama Buda. Gautama Buda estava dizendo que não há nenhum Deus; mesmo assim, ninguém pensou em crucificá-lo. Jesus Cristo não estava dizendo nada contra o judaísmo; pelo contrário, ele estava simplesmente dizendo que era seu profeta perdido, e repetia tudo o que estava escrito no Velho Testamento. Ele não estava dizendo nada que contradissesse a velha religião, e Gautama Buda estava contradizendo tudo no hinduísmo. Ele disse que os Vedas são idiotas, que não há Deus, que os sacerdotes são as pessoas mais astutas do mundo, e os sacerdotes, na Índia, os *brâmanes*, são a casta mais elevada, mas ninguém pensou em crucificá-lo.

As pessoas o desafiavam para discussões; as pessoas discutiam, mas não conseguiam derrotá-lo com argumentos... Quando chegavam à frente dele, eram bastante sinceras para perceber e reconhecer que ele sabia mais, que seus conhecimentos eram apenas de livros e o conhecimento dele era experiência autêntica.

O desenvolvimento ocidental é infantil se comparado ao desenvolvimento oriental. Ele começa na Grécia. Mas mesmo um homem como Sócrates, que não estava negando nem afirmando Deus, simplesmente dizia: "Eu não cheguei a experienciar, por isso não posso ser falso; não posso dizer se Deus existe ou não. E eu gostaria que todos fossem sinceros a respeito disso. A menos que você encontre, não diga sim e não diga não; permaneça agnóstico, mantenha suas conclusões suspensas". Sócrates foi um homem muito razoável, mas foi envenenado. Não negou a sua tradição, não negou o seu passado, não negou coisa nenhuma; ele simplesmente argumentou, por uma abordagem mais racional e mais lógica. Isso não é crime, e essa foi a recompensa que ele recebeu: foi envenenado, a sociedade decidiu que ele era um homem perigoso.

Essas pessoas que poderiam ter mudado a sociedade ocidental em direção à realidade interior estão sendo crucificadas ou envenenadas. Naturalmente, as pessoas talentosas ficaram com receio até mesmo de falar sobre coisas interiores, mistérios. Elas começaram a falar apenas sobre coisas objetivas, matéria, pois a matéria não pode ser negada, e não há problema algum em ir numa busca profunda na matéria.

A crucificação de Jesus e a morte de Sócrates fecharam a porta para os gênios ocidentais moverem-se para dentro. Qualquer pessoa com alguma inteligência ficou consciente de que isso foi simplesmente encomendar a sua morte. É melhor usar os seus talentos e gênios de tal maneira que a sociedade não possa condená-la. Assim, todo gênio da humanidade ocidental tornou-se um servente para criar mais confortos para o corpo, mais tecnologia, mais máquinas, mais conhecimento sobre a matéria, e todos ficaram felizes. Mesmo nesses assuntos, se havia algo que fosse contra a religião, a Igreja imediatamente estava aí para cessá-la.

Por exemplo: quando o astrônomo italiano Galileu Galilei escreveu que o Sol não gira ao redor da Terra, como parece, mas que, na verdade, a Terra gira ao redor do Sol, como não parece, ele foi chamado pelo papa à corte e lhe disseram (e ele era velho, tinha 75 anos, estava doente e quase em seu leito de morte): "Você tem de mudar o seu livro porque ele vai contra a *Bíblia*. Na *Bíblia*, a afirmação é que o Sol gira ao redor da Terra, e nós não estamos prontos para ouvir nenhum argumento. Você simplesmente mude isso; caso contrário, a morte será a sua punição".

Uma Igreja tão idiota, que nem mesmo está pronta para ouvir qualquer argumento, que sabe apenas dar ordens: faça isso ou esteja pronto para morrer! Galileu deve ter tido um grande senso de humor. Ele disse: "Não há necessidade de você ter tanto trabalho para me matar. Eu vou morrer de qualquer maneira. Quanto ao livro, eu o mudarei, mas quero que você se lembre de que, pelo fato de mudar o livro, nem a Terra vai mudar, nem o Sol vai mudar. A Terra continuará girando ao redor do Sol, porque eles não lêem o meu livro e não se importam com o que eu escrevo". Assim, ele cancelou a afirmação em seu livro, e no rodapé escreveu: "Estou cancelando a afirmação sabendo perfeitamente bem que não faz diferença alguma. A realidade permanece a mesma".

Quando o astrônomo polonês Nicolau Copérnico descobriu que a Terra não é plana, como foi dito na *Bíblia*, mas redonda, ele imediatamente ficou com problemas. Desde então, esses assuntos não têm nada a ver com religião. O que a religião tem a ver com o fato de a Terra ser redonda ou plana? Ela pode ter qualquer forma geométrica, e a religião não tem nada a ver com isso.

Mas o cristianismo e o islamismo são religiões muito primitivas. Não têm a atitude culta e sofisticada do hinduísmo, do jainismo, do budismo e do taoísmo. Eles não sabem argumentar, sabem apenas brigar. Seu único argumento é a espada; na base da espada, decide-se quem está certo. Foi a Igreja, e você ficará surpreso ao saber, que impediu que o Ocidente fosse em direção à interioridade. Ela forçou a humanidade ocidental a ir em direção à matéria. O interior era absolutamente monopólio da Igreja, que decidia tudo a respeito disso. Não havia necessidade nenhuma de buscar, não havia necessidade nenhuma de descobrir, não havia necessidade nenhuma de meditar. Supunha-se apenas que você acreditasse em Deus. Mas, se você pudesse fazer algo a respeito da matéria, não haveria problema algum, desde que não entrasse em conflito com a *Bíblia*.

Copérnico disse ao papa: "É uma coisa bem pequena e tenho todas as provas de que a Terra é redonda. É o trabalho de toda a minha vida, e isso não vai afetar a sua religiosidade". O papa disse: "Você não entende. A questão não é se isso afeta a nossa religiosidade ou não; a questão é que a *Bíblia* é o livro de Deus, o livro sagrado. Se for provado que uma afirmação na *Bíblia* está errada, isso terá grandes implicações: em primeiro lugar, que Deus pode estar errado. Nós não podemos aceitar isso". Eles nem mesmo conseguem aceitar que o papa possa estar errado, então o que dizer sobre Deus? O papa é um representante distante. Jesus representa Deus, e o papa representa Jesus, não diretamente, mas por meio de centenas de papas que morreram antes dele. Ele está conectado com Jesus por intermédio deles, e Jesus tem uma linha telefônica direta com Deus. Apenas uma afirmação contra a *Bíblia*, se for válida, torna Deus falível. E isso não pode ser aceito.

Em segundo lugar, se uma afirmação for provada como errada, qual é a garantia sobre outras afirmações? Isso cria suspeita. Destrói a própria base da crença e da fé: "Por isso não podemos aceitar que qualquer coisa na *Bíblia* esteja errada. Você pode fazer tudo o que não vá contra a *Bíblia*".

Naturalmente, restava apenas a matéria. Você pode fazer pesquisas em Física, Química, Biologia, Zoologia, Geologia. Você pode fazer todas essas coisas... você é livre.

A Igreja tem sido como a Grande Muralha da China, que impede as pessoas de irem para dentro. Parece estranho, mas é um fato. A Igreja cristã provou ser a maior inimiga da religião na Terra. Outras religiões também, mas não tanto. Restou para o gênio trabalhar só com a matéria.

No Oriente, primeiro o gênio tinha preferência pela jornada interior. Só as pessoas medíocres, de segunda classe, trabalhariam pelas coisas materiais, externas. A inteligência real se moveria sempre na meditação. Pouco a pouco a distância ficou maior. O Ocidente tornou-se materialista, e toda a responsabilidade é da Igreja cristã. E a humanidade ocidental tornou-se cada vez mais espiritualista. A divisão, a separação que foi criada em cada homem, tornou-se uma separação numa escala mais ampla, como Oriente e Ocidente.

Um grande poeta escreveu: "Oriente é Oriente e Ocidente é Ocidente, e nunca os dois se encontrarão". Esse homem, o escritor britânico nascido na Índia Rudyard Kipling, era muito interessado no Oriente. Ele viveu na Índia durante anos, e estava no serviço governamental. E viu a diferença: toda a consciência oriental se move interiormente, e a consciência ocidental move-se exteriormente... como poderiam se encontrar?

Todo o meu trabalho é simplesmente provar que Rudyard Kipling está errado. Eu gostaria de dizer que nem o Ocidente é Ocidente nem o Oriente é Oriente, e que os dois já se encontraram. Ninguém é Oriente e ninguém é Ocidente. Mas as atitudes podem ser compreendidas, e elas são muito proeminentes. Toda a minha abordagem é trazer a cada indivíduo uma ponte, para que cada um seja um todo. Não seja contra o corpo, ele é a sua casa. Não seja contra a sua consciência, porque, sem consciência, a sua casa pode estar toda decorada mas não terá nenhum mestre, estará vazia. Juntos eles criam uma beleza, uma vida mais repleta.

Simbolicamente, eu escolhi Zorba para o corpo e Buda para a alma. Cada afirmação que faço – quer seja sobre Zorba ou sobre Buda – automaticamente implica na outra, porque para mim elas são inseparáveis. É apenas uma questão de ênfase. Zorba é apenas o começo. Mais cedo ou mais tarde, se você permitir total expressão do seu Zorba, certamente pensará em algo melhor, mais elevado, maior. Isso não virá por meio do pensamento; virá por meio de suas experiências, porque essas pequenas experiências se tornarão monótonas.

O próprio Buda tornou-se Buda porque havia vivido a vida de um Zorba. Isso não foi percebido pelo Oriente: durante 29 anos Buda viveu como nenhum Zorba jamais viveu. O pai de Gautama Buda havia trazido todas as garotas lindas de todo o reino para alegrar Buda. Ele construiu três palácios lindos em três lugares diferentes para estações diferentes. Ele tinha belos jardins e lagos. A vida toda de Buda foi apenas luxo, puro luxo. Mas ele ficou entediado, e uma questão tornou-se muito proeminente em sua mente: isso é tudo? Então, para que eu vou viver amanhã? A vida deve significar algo mais, caso contrário não há sentido.

Foi por meio do Zorba que a busca pelo Buda começou.

Nem todos se tornam um Buda, e a razão básica é que o Zorba permanece não-vivido.

Você entende o meu argumento? Meu argumento é: viva Zorba totalmente e, naturalmente, você entrará na vida de um Buda. Curta o seu corpo, curta a sua existência física. Não há pecado nenhum nisso. Oculto atrás disso está o seu crescimento espiritual, a sua bênção espiritual. Quando você estiver cansado dos prazeres físicos, só então perguntará: "Há algo mais?" E essa pergunta não pode ser apenas intelectual, ela tem de ser existencial:

"Há algo mais?" E, quando a pergunta for existencial, você encontrará dentro de si mesmo algo mais.

Zorba é apenas o começo. Uma vez que Buda, a alma acordada, se apossar de você, então saberá que o prazer nem mesmo era uma sombra. Há tanta bênção... Essa bênção não é contra o prazer. Na verdade, é o prazer que o leva à bênção. Não há luta entre Zorba e Buda. Zorba é a flecha; se você a seguir corretamente, atingirá o Buda.

Beyond Enlightenment, sessão 7

8 – Oração: a caixa de reclamação cósmica

A oração formal que me ensinaram quando criança parecia ser uma reclamação, uma exigência. Você poderia nos falar sobre a verdadeira oração?

Não considero não-religioso um homem que não acredita em Deus. Não considero não-religioso um homem que não vai aos templos ou às igrejas. Não considero não-religioso um homem que nega o céu, o inferno e todo esse absurdo. Mas considero não-religioso o homem que não se sente indigno de tudo o que tem recebido e está recebendo a todo momento, a cada respiração, a cada batida do coração. A vida está continuamente dando a você. A mesma vida é capaz de lhe dar uma imensa bênção, da qual você nem mesmo pode ter uma idéia, a menos que a tenha saboreado.

Simplesmente, mude o seu não-merecimento para gratidão, agradecimento. E, para mim, esse tipo de gratidão é a única oração verdadeira. Você não tem de dizer coisa nenhuma, apenas ter o sentimento de gratidão: "Eu não mereço, não vejo por que tanto me foi dado e tanto continua derramando em mim. O que posso fazer a não ser me sentir grato?" Essa gratidão deveria aprofundar-se na sua consciência, nas próprias fibras e células do seu corpo. Você simplesmente se tornará gratidão, e isso é oração.

Aquilo que é chamado de oração é simplesmente falso. Milhões de templos, de igrejas, de sinagogas, e milhões de pessoas orando continuamente... mas essas orações são falsas, porque estão sempre pedindo alguma coisa; elas nunca estão agradecendo pelo que já receberam. Nas orações dessas pessoas, se você olhar, encontrará o mendigo, um mendigo ingrato. Também encontrará, em todas as orações de todas as religiões – eu examinei o mais profundamente possível –, certa reclamação de que as coisas não são como deveriam ser, que outros estão recebendo mais, eu não estou recebendo tanto.

Essas não são orações; essas pessoas estão perdendo seu tempo; elas nem mesmo chegaram a entender o significado de oração. Ela não está nas palavras: ela é o estado de oração. E o estado de oração significa uma coisa, e apenas uma coisa: gratidão. Uma gratidão que continua se aprofundando no seu ser por tudo, por as árvores serem verdes, por a chuva cair para matar a sede da terra.

Quando a primeira chuva cai, o cheiro doce que vem da terra é a sua gratidão. E as árvores tornando-se verdes e trazendo inúmeras flores, esse é o agradecimento da terra, essa é a oração da terra. É assim que você deveria ser, é assim que a sua oração deveria ser, nada a não ser gratidão.

Pouco a pouco o homem vai esquecendo o que é reclamação, o que é rancor. À medida que ele se torna mais harmonizado com a gratidão, esquece completamente que tem de pedir alguma coisa. As coisas virão sem ele pedir. É necessário apenas manter suas portas abertas e o convidado virá. Ele tem apenas de esperar, e esperar amorosamente, devotamente. Estou dando o significado de oração de uma forma que nenhuma religião jamais deu à humanidade; suas orações são tão infantis e estúpidas! A gratidão o tornará cada vez mais capaz de receber presentes.

As assim chamadas religiões, que têm dirigido a mente do homem durante séculos, são, na maior parte, ilusão. Eu me deparei com a afirmação verdadeira de Albert Camus, muito estranha, mas linda: "Se Deus não existisse, teríamos de inventá-lo". Se não fosse assim, a quem você iria reclamar? Em que ombros iria jogar todas as suas responsabilidades? Com quem iria se zangar? Quem seria a sua segurança e a sua proteção?

Camus diz algo muito importante quando fala: "Se Deus não existisse, teríamos de inventá-lo, e, se Deus existisse, teríamos de aboli-lo". Por que se Deus existisse teríamos de aboli-lo? Porque seria intolerável. Ser tão grato a ele pareceria humilhação: você não é merecedor e ele continua lhe dando. Você não pode perdoá-lo. Ele o está insultando, está tornando-o consciente do seu desmerecimento.

É a isso que o escritor francês Albert Camus se refere quando diz que, se Deus existisse e estivesse disponível à humanidade, nós teríamos de aboli-lo, porque isso se tornaria intolerável. Ele continua dando, e não pedirá nada de você porque ele tem tudo, pois o todo pertence a ele. Deus tira toda a sua dignidade. Você pode perdoar alguém por qualquer coisa, mas não pode perdoar alguém que destrói a sua dignidade como ser humano, que tira o seu orgulho.

Felizmente, não há Deus, e especialmente para você. Há pessoas que acreditam em Deus, mas, bem no fundo, estão zangadas com ele. Elas podem orar e mostrar respeito, mas no fundo sentem: "Por que a minha esposa está sofrendo de câncer? Se Deus é compassivo, então onde está sua compaixão? Tenho orado há anos, por que sou pobre e as pessoas que nunca oram e nunca vão à igreja ou ao templo ou à sinagoga são ricas? Sou honesto e estou tentando ser tão sincero quanto a fraqueza humana permite, mas continuo pobre, um fracassado, um ninguém. E as pessoas que são mesquinhas e astutas, e podem fazer qualquer coisa para obter poder e dinheiro, têm sucesso. E os sacerdotes continuam dizendo que Deus é justo. Onde está a sua justiça?". Essas coisas ainda continuam no seu inconsciente; mas você não pode dizê-las, porque elas fariam com que Deus ficasse muito zangado.

Se Deus existisse, é absolutamente certo que ele teria sido assassinado; teria se tornado absolutamente intolerável. Mas felizmente ele não existe; portanto, ninguém pode assassiná-lo. Mas infelizmente as pessoas criaram um Deus hipotético que você não pode assassinar e com o qual nem pode se comunicar. É simples hipótese, mas mesmo assim ajuda as pessoas a se livrarem de suas culpas. O sacerdote é o beneficiário. Ele mantém viva a hipótese, luta pela hipótese, porque tudo o que vem a Deus como oferenda para apagar a culpa das pessoas chega ao sacerdote; assim, todo o trabalho do sacerdote é tornar as pessoas cada vez mais culpadas. Esse é um negócio e uma estrutura muito sutil. Tornar as pessoas culpadas por tudo, por qualquer prazer...

Todos os sacerdotes religiosos têm conseguido, há milhares de anos, encontrar seus pontos fracos, nos quais a natureza pode ser condenada. E você não pode fazer nada, porque é uma coisa natural; assim, naturalmente, você se sentirá culpado. E a culpa é toda a base das religiões. O sacerdote precisa de que você seja culpado, e por causa da culpa você precisa de Deus. Quem vai perdoá-lo? O que são suas orações? "Perdoe-nos, somos pecadores e a sua compaixão é grande. Perdoe-nos, pai..." E não há ninguém para escutá-lo.

É pelo fato de Deus ser apenas uma hipótese que o assassinato não é possível; você não pode encontrá-lo em lugar algum. Albert Camus está certo: se Deus não existisse, nós teríamos de inventá-lo. Isso é o que fizemos: nós o inventamos. Se Deus existisse, teríamos de aboli-lo. O problema existencial é o que contei: a sensação de que "eu sou indigno". É verdade, ninguém é merecedor. Nós recebemos tudo sem nenhuma razão.

Ser grato à existência é a única religião autêntica. Não precisa haver um adjetivo para isso: cristão, hindu ou muçulmano; é simplesmente gratidão. Você está no caminho certo. Apenas não fique parado no não-merecimento. Esse é um lado da moeda; o outro lado é a gratidão. Esse é o lado negativo, aquele é o lado positivo.

Lembre-se sempre de usar o afirmativo, o positivo, e você nunca se desviará do caminho. A afirmação suprema vem no dia em que você explode em luz, em alegria, em bênção, em canção, em dança. Tudo isso criará cada vez mais gratidão em você. Você se tornará simplesmente uma oração.

The Invitation, sessão 22

9 – Consciência: consolo para o inconsciente

Você poderia falar sobre a relação entre moralidade e religião?

A questão sobre moralidade é imensamente significativa, porque moralidade não é aquilo que foi dito durante séculos. Todas as religiões têm explorado a idéia de moralidade. Elas têm ensinado de maneiras diferentes, mas a base principal é a mesma: a menos que você se torne moral, ético, não pode se tornar religioso.

Por moralidade eles querem dizer que você tem de ser verdadeiro, tem de ser honesto, tem de ser caridoso, tem de ser compassivo, tem de ser não-violento. Em uma palavra, todos esses grandes valores têm de estar presentes em você primeiro; só então você poderá ser religioso.

Toda essa concepção está de cabeça para baixo. De acordo comigo, a menos que você seja religioso, você não pode ser moral. A religião vem primeiro, a moralidade é apenas um subproduto. Se você transformar o subproduto no objetivo do caráter humano, criará uma humanidade tão perturbada, tão miserável, e por uma causa tão boa. Você está colocando o carro na frente dos bois: nem os bois conseguem se mover, nem o carro consegue se mover; ambos estão estagnados.

Como pode um homem ser verdadeiro se não sabe o que é a verdade? Como pode um homem ser honesto sem ao menos saber quem ele é? Como pode um homem ser compassivo se não conhece a fonte de amor dentro de si mesmo? De onde ele obterá a compaixão? Tudo o que pode fazer em nome da moralidade é se tornar um hipócrita, um fingido. E não há nada mais feio que ser hipócrita. Ele pode fingir, pode tentar arduamente, mas tudo permanecerá superficial e ilusório. Arranhe-o só um pouquinho e você encontrará todos os instintos animais totalmente vivos, prontos para a desforra sempre que tiverem oportunidade.

Colocar a moralidade antes da religião é um dos maiores crimes que as religiões cometeram contra a humanidade. A própria idéia criou um ser humano reprimido, e um ser humano reprimido é doente, psicologicamente dividido, numa luta constante consigo mesmo, tentando fazer coisas que não quer fazer.

A moralidade deveria ser muito descontraída e fácil, assim como a sua sombra. Você não tem de arrastá-la com você; ela simplesmente vem por iniciativa própria. Mas isso não aconteceu. O que aconteceu foi uma humanidade psicologicamente doente. Todo mundo é tenso, porque em tudo o que estiver fazendo haverá um conflito: isso é errado ou certo?

A sua natureza vai numa direção, o seu condicionamento vai justamente na direção oposta, e uma casa dividida não pode ficar em pé por muito tempo. Por isso, todo mundo está de alguma forma se recompondo;

caso contrário, o perigo está sempre aí, ao seu lado: ter um colapso nervoso.

Não ensino moralidade de jeito nenhum. A moralidade deveria vir por si mesma. Ensino diretamente a experiência do seu próprio ser.

À medida que você se torna mais silencioso, mais sereno, mais calmo e mais quieto, à medida que começa a entender a sua própria consciência, à medida que o seu ser interior se torna mais centrado, as suas ações refletirão moralidade. Não será algo que você decide fazer, será algo tão natural quanto as rosas numa roseira. Não é que a roseira esteja sendo ascética, jejuando, orando a Deus e disciplinando-se de acordo com os dez mandamentos; a roseira não está fazendo nada. A roseira tem apenas de estar saudável, nutrida, e as flores virão na hora certa, com muita beleza, sem esforço.

Uma moralidade que vem com esforço é imoral. Uma moralidade que vem sem esforço é a única moralidade que existe.

É por isso que eu não falo sobre moralidade de forma alguma, porque é a moralidade que tem criado muitos problemas para a humanidade a respeito de tudo. Eles lhe deram idéias já prontas sobre o que é certo e o que é errado. Na vida, as idéias já prontas não funcionam, porque a vida continua mudando, assim como o rio, dando novas viradas, movendo-se em novos territórios, das montanhas para os vales, dos vales para as planícies, das planícies para o oceano.

Heráclito está certo quando diz: "Você não pode entrar no mesmo rio duas vezes", porque ele está sempre fluindo. A segunda vez em que você entra, é água diferente. Eu concordo tanto com Heráclito que lhe digo que você não pode entrar no mesmo rio nem mesmo uma vez, porque, quando seus pés estão tocando a superfície, a água embaixo está fluindo; à medida que os seus pés vão se aprofundando, a água da superfície está fluindo; e, quando você toca o fundo, tanta água já passou... não é a mesma água. Não se pode dizer que seus pés estejam entrando no mesmo rio.

A vida é exatamente como o rio: um fluxo. E vocês todos estão carregando dogmas fixos. Você sempre se encontra desajustado, porque, seguindo os seus dogmas, você tem de ir contra a vida, e, seguindo a vida, tem de ir contra os seus dogmas.

Por isso todo o meu esforço é tornar a sua moralidade espontânea. Você deveria estar consciente e alerta, e responder a toda situação com absoluta consciência. Então, o que quer que você faça, será certo. Não é uma questão de as ações serem certas ou erradas, é uma questão de consciência, se você está fazendo isso consciente ou inconscientemente, como um robô.

Toda a minha filosofia está baseada em tornar a sua consciência mais elevada, mais profunda, até o ponto em que não haja inconsciência alguma e você se torne um pilar de luz. Nessa luz, nessa claridade, fazer qualquer coisa errada se torna impossível. Não é que você tenha de evitar fazê-lo; mesmo que queira, não poderá. E, nessa consciência, o que quer que você faça se tornará uma bênção.

Todas as pessoas ao redor do mundo estão vivendo de acordo com princípios mortos, e esses princípios mortos não se ajustam à realidade. Não podem se ajustar. Apenas uma consciência espontânea...

A diferença é algo assim: você tem uma fotografia sua do ano passado, ou talvez da sua infância, e, se você não souber que é sua foto, talvez nem a reconheça, porque você mudou muito. Essa fotografia está morta, não está crescendo; você está crescendo. A moralidade é como a fotografia.

A religião é como um espelho. Se uma criança está diante dele, ele reflete a criança; se um velho está diante do espelho, ele reflete o velho. Ele é sempre espontâneo, está sempre no momento, respondendo à realidade. Um ser humano consciente é exatamente como um espelho: reflete a realidade e responde de acordo. A resposta é moral.

Por isso estou mudando toda a ênfase de ação para consciência.

E, se mais e mais pessoas se tornarem conscientes, o mundo será um lugar totalmente diferente. Um homem de consciência não irá à guerra, embora as escrituras religiosas digam que é virtuoso se sacrificar pela sua nação, pela sua religião. Um homem de consciência não pode seguir essa idéia morta. Para ele, a nação em si é uma idéia imoral, porque ela divide a humanidade, e a guerra é certamente imoral. Você pode encontrar bons nomes que podem ser: religião, ideologia política, cristianismo e, às vezes, comunismo. São idéias boas, mas a realidade está transformando seres humanos em assassinos.

Se o mundo se tornar um pouco mais consciente, os soldados jogarão fora suas armas e abraçarão uns aos outros, sentarão juntos sob uma árvore e contarão fofocas. Os políticos não podem forçar todos os exércitos a matar, a assassinar. Nem os papas e os líderes religiosos podem convencer ninguém de que, em nome de Deus, você tem de matar. Estranho... porque Deus criou todos. Quem quer que você esteja matando, você está matando a criação de Deus. Se é verdade que Deus criou o mundo, então não deveria haver guerra; é uma família, não deveria haver nações.

Essas são coisas imorais: as nações, as religiões, qualquer coisa que discrimine as pessoas e crie conflito. A moralidade autêntica é um subproduto da consciência. E a arte da consciência é a religião. Não há religião hindu, não há religião cristã, não há religião muçulmana. Há apenas uma religião, e essa é a religião da consciência, que o torna tão consciente, tão iluminado e tão desperto que você terá olhos para ver claramente e poderá responder de acordo com essa clareza.

Um homem de consciência não pode ser enganado pelas palavras. Os muçulmanos dizem que se você morrer numa guerra religiosa... Como pode haver uma guerra religiosa? Guerra é basicamente irreligiosa. Mas os cristãos, os muçulmanos e todas as outras religiões dizem que, se você morrer numa guerra religiosa, a sua recompensa será imensa no outro mundo. Por esse ato imoral de matar as pessoas, você será recompensado. Mas belas palavras, como "guerra religiosa", ocultam-no.

Um homem de consciência vê profunda e penetrantemente através das palavras. Nem o seu Deus pode enganá-lo, nem seus livros sagrados, nem suas nações, nem seus políticos. Ele vive de acordo com sua consciência. Tem uma individualidade, uma individualidade muito cristalina, um espelho puro, desembaçado, sem nenhuma poeira a cobri-lo.

Mas por que as pessoas têm gostado de matar, sofrer, torturar? Porque elas mesmas estão infelizes, muito infelizes e muito miseráveis. Elas não podem ver ninguém em bênção e alegria. Querem que todos sofram mais do que elas estão sofrendo.

A moralidade tem sido uma estratégia para torturar as pessoas. Você não tem de torturá-las, elas torturam a si mesmas; até mesmo fazer amor com a própria esposa é um pecado. Elas não dizem isso apenas sobre a esposa de outra pessoa; sexo é pecado, e qualquer coisa conectada com sexo se torna pecado. Ora, o sexo é algo natural – não há como evitá-lo –, assim, você está colocando o homem num dilema, fixando em sua mente que sexo é imoral e lhe dando uma natureza que é sexual e sensual.

Foi descoberto que milhões de homens no mundo todo sofrem de enxaqueca após fazer amor. Eu estava lendo uma reportagem de um cientista cristão – por ele ser cristão, sua própria mente está condicionada – que está tentando encontrar todos os tipos de causas pelas quais os homens sofrem de enxaqueca. Ele tem trabalhado continuamente no projeto há um ano. Só agora apresentou seu relatório, dando muitas, muitas causas, fisiológicas, químicas, e a realidade é tão simples, não há necessidade de nenhuma investigação. A realidade é que você dividiu a mente do homem em duas partes. Uma parte diz: "O que você está fazendo está errado, não faça isso". A outra parte diz: "É impossível resistir à tentação. Eu vou fazer isso". Essas duas partes começaram a brigar, a entrar em conflito.

Enxaqueca não é nada mais que um conflito, um profundo conflito em sua mente. Nenhum aborígine sofre de enxaqueca após fazer amor. Os católicos sofrem mais que qualquer outro, porque seu condicionamento é tão profundo que cria uma divisão em sua mente. O que eles estão dizendo há séculos não tem base alguma, evidência alguma, mas eles continuam repetindo. E, uma vez que uma mentira é repetida muito freqüentemente, ela começa a parecer verdadeira.

Deveríamos tomar muito cuidado com as palavras.

Um homem entra num bar e começa a contar uma piada polonesa. O homem sentado ao lado dele, um homem enorme, um brutamontes, vira-se e diz ameaçadoramente: "Eu sou polonês. Agora espere até eu chamar meus filhos". Ele então grita: "Ivan, venha aqui, e traga o seu irmão". Dois homens, maiores que o primeiro, aparecem do quarto do fundo. "José", grita o homem, "você e o seu primo, venham até aqui." Mais dois homens, os maiores de todos, entram pela porta dos fundos. Os cinco homens juntam-se ao redor do homem que está contando a piada. “Agora”, diz o primeiro polonês, “você quer terminar a piada?”. “Não”, diz o homem. “Não? E por que não?”, diz o polonês, abrindo e fechando a mão. “Você está com medo?” “Não”, diz o homem, “eu simplesmente não estou com vontade de explicá-la a cinco homens.”

As pessoas são muito espertas com as palavras. Elas podem esconder qualquer tipo de realidade. Ele está com medo – esses cinco homens podem matá-lo –, mas encontra uma bela desculpa: “Não quero me incomodar, explicando a cinco pessoas o sentido da piada”.

Todas as religiões têm jogado com as palavras e não têm permitido que o homem seja inteligente o bastante para ver através delas. Criaram uma selva de palavras, teologias, dogmas, crenças e cultos, e o pobre homem está simplesmente carregando toda essa carga em nome da moralidade.

Eu quero lhe dizer algo: nunca se preocupe com a moralidade.

A única preocupação para um buscador sincero é a consciência, mais consciência. E a sua consciência tomará conta de todos os seus atos. Sem esforço algum, seus atos se tornarão morais. Assim como as flores: sem nenhuma ação, sem nenhum esforço, elas florescerão ao seu redor.

Moralidade não é nada mais que o estilo de vida de um homem consciente.

The Razor Edge, sessão 19

10 – Se é diversão, é proibido

Por que as religiões são contra o sexo?

Essa é uma das áreas mais sensíveis da vida, porque está relacionada à própria força vital. Sexo. A palavra tornou-se condenada demais. A razão pela qual o sexo se tornou condenado foi porque todas as religiões tinham de ser contra tudo o que o homem pudesse desfrutar. Seu interesse era manter o homem miserável, para destruir qualquer possibilidade de ele encontrar algum tipo de paz, de alívio, um momento de oásis no deserto.

Isso era absolutamente necessário para as religiões: que o homem fosse privado completamente de qualquer possibilidade, de qualquer potencialidade para se alegrar. Por que isso era tão importante? Porque as religiões queriam deslocar você, a sua mente, para algum outro lugar, em direção ao outro mundo. Se você estiver realmente feliz aqui, por que deveria se preocupar com o outro mundo? A sua miséria é absolutamente necessária para que o outro mundo exista. Ele em si não existe; ele existe em sua miséria, em seu sofrimento, em sua angústia.

Todas as religiões têm causado esse dano. Elas estão criando mais miséria, mais sofrimento, mais feridas, mais ódio, raiva, e tudo em nome de Deus, tudo em nome de belas palavras.

Elas falam sobre amor e destroem toda possibilidade de você estar em amor.

Não sou contra o sexo. Para mim o sexo é tão sagrado quanto tudo na vida. Não há nada profano, nada sagrado. A vida é uma. Todas as divisões são falsas, e o sexo é o próprio centro da vida.

Por isso você tem de entender o que tem acontecido ao longo dos séculos. No momento em que você reprime o sexo, a sua energia começa a encontrar novas formas para se expressar. A energia não pode permanecer estática, ela é sempre dinâmica, ela é dinamismo. Se você a forçar e fechar uma porta sobre ela, ela abrirá outras portas. Mas você não pode mantê-la presa. Se o fluxo natural da energia for impedido, então ele fluirá de alguma forma não-natural. É por isso que as sociedades repressoras do sexo tornam-se mais ricas.

Quando você reprime o sexo, tem de substituir seu amor por algo, por algum objeto. A mulher é perigosa, ela é o caminho para o inferno! Por que todas as escrituras foram escritas pelos homens, apenas a mulher é o caminho para o inferno? E os homens?

Tenho falado aos cristãos, aos hindus e aos muçulmanos que, se a mulher é o caminho para o inferno, então só os homens podem ir para o inferno, as mulheres nunca podem ir. O caminho permanece sempre onde quer que esteja, nunca vai a lugar algum. As pessoas é que vão pelo caminho. Nós dizemos que esse caminho vai àquele lugar, mas esse é um erro lingüístico: o caminho nunca vai a lugar nenhum, ele simplesmente está lá. As pessoas é que vão. Assim, se as mulheres são o caminho para o inferno, então o inferno deve estar cheio de homens. Há apenas um clube de machos chauvinistas.

A mulher não é o caminho para o inferno, mas, uma vez que a sua mente esteja condicionada dessa maneira, você vai projetar na mulher uma outra coisa; você precisa de um objeto para o seu amor. Dinheiro pode se tornar o seu objeto de amor. Por que há tanta avareza? Por que as pessoas estão se apegando ao dinheiro como loucas? É o objeto de amor delas. De alguma forma elas conseguiram mover toda a sua energia vital em direção ao dinheiro.

Agora, você quer que elas abandonem até mesmo o dinheiro; elas terão problemas outra vez. A política torna-se seu objeto de amor. Elevar-se cada vez mais na burocracia política transforma-se no objeto de amor delas. O político olha em direção à presidência, ao cargo de primeiro-ministro, com o mesmo desejo ardente com que você olha para seu ou sua amada. Isso é perversão.

Alguém pode se direcionar a outros caminhos, como a educação; então os livros se tornam seu objeto de amor. Alguém pode se tornar religioso; então Deus se torna seu objeto de amor... Você pode projetar o seu amor em direção a um objeto imaginário, mas ele não vai satisfazê-lo plenamente.

From Darkness to Light, discurso 24

11 – Celibato: a virtude mortal

Ouvi você dizer que as religiões são responsáveis pela aids. Você poderia falar mais sobre isso?

Existe a aids, pela qual as pessoas religiosas são responsáveis porque criaram a idéia do celibato, o que é antinatural. Ninguém pode ser celibatário, a menos que seja impotente. E isso tem de ser entendido: que nenhum homem impotente, em toda a história, foi criativo em qualquer dimensão; um grande músico, um grande poeta, um grande cientista, um grande místico. Porque sexo é a sua energia, a sua energia criativa. As pessoas mais criativas são as pessoas mais sexuais.

Ensinar celibato é contra a natureza. Então, colocar monges em monastérios e freiras em lugares separados e não permitir que eles se encontrem é criar o homossexualismo, é criar o lesbianismo. E agora o homossexualismo trouxe a aids.

Todos os governos do mundo deveriam declarar o celibato um crime, e qualquer pessoa que pregasse o celibato deveria ser presa imediatamente, porque ele é a causa de uma doença mortal, a aids, que está se espalhando por toda parte. Se as armas nucleares não o matarem, a aids o matará. Essa doença feia está baseada em idéias absolutamente ilógicas, irracionais. A natureza lhe dá o poder de reproduzir: é a natureza contra Deus? Isso parece ser muito estranho. Por um lado, essas pessoas ficam dizendo: "Deus criou o mundo. Deus criou tudo". Então ele deve ter criado o sexo também. Ou você faz uma divisão de que Deus criou o homem sem sexo e o demônio acrescentou a sexualidade ao homem? Mas quem criou o demônio? Se você acha que Deus é o criador de tudo, ele é o criador do demônio, ele é o criador do mal, ele é o criador do sexo, ele é o criador de tudo o que existe.

É muito estranho que Deus crie o sexo e seus representantes sejam contra o sexo, dizendo que as pessoas deveriam ser celibatárias. Eles nem mesmo entendem o ABC da Fisiologia, da Biologia, da Química. Um homem pode fazer o voto de permanecer celibatário, mas o que pode fazer para mudar sua biologia, sua fisiologia, sua química? Eles não lêem a *Bíblia* sagrada; não entendem nenhum papa; não escutam lixo algum. Eles simplesmente continuam fazendo seus trabalhos.

Até mesmo o monge está criando energia sexual, espermatozóides vivos, e tem apenas um lugar limitado para eles. Ele está comendo, respirando, fazendo tudo. Cada vez mais energia está entrando, e os espermatozóides velhos estão com pressa de sair. O pobre homem foi colocado numa situação muito difícil, e ele não pode fazer nada quanto a isso. Você pode dizer-lhe: "Repita Ave Maria, Ave Maria, Ave Maria...", mas esses espermatozóides não escutam todas essas coisas. Eles não acreditam; não são crentes. Simplesmente querem sair ao ar livre, porque têm uma vida muito limitada. E eles encontrarão um caminho. Se você não lhes der um caminho natural, estará criando perversões.

Todas as suas perversões são por causa das religiões.

Assim, eu estou pronto para discutir com o papa tudo o que diz respeito à humanidade e seu bem-estar. E gostaria que sua gente estivesse presente, seus cardeais, seus bispos, as pessoas que o escolheram, para que possam ver que seu papa não tem resposta para nada. Tudo continua porque todas as religiões estão no mesmo barco, e por isso não discutem problemas fundamentais entre si.

Não pertenço a religião alguma, e por isso não tenho nada a temer. Não tenho nenhum programa, nenhuma filosofia. Simplesmente quero desprogramar a humanidade. E não quero que o homem seja reprogramado outra vez; assim, o homem pode viver em inocência, em alegria e paz, sem nenhuma divisão esquizofrênica.

Socrates Poisoned Again After Twenty Five Centuries, sessão 9

12 – O crime organizado chamado religião

Acabei de ler um livro em que está claramente exposto o papel da Igreja Católica Romana no que diz respeito a assassinato, terrorismo, desfalque, tráfico de drogas, grandes e contínuos roubos de incríveis somas de dinheiro, manipulação de políticos nos Estados Unidos, Itália, América do Sul, Polônia... a lista é tão impressionante quanto é distante da mensagem do carpinteiro de Nazaré. Você poderia comentar sobre isso?

O que o livro cometeu é uma tremenda contribuição para entendermos o instinto assassino na Igreja Católica. O mesmo precisa ser feito com todas as religiões, porque todas elas estão fazendo mais ou menos a mesma coisa. Talvez a Igreja Católica seja o melhor exemplo, porque é a religião mais organizada do mundo e a maior em números: 700 milhões de pessoas são católicas.

Essa religião fez todos os crimes que você possa imaginar. Queimou milhares de mulheres vivas, usando a idéia fictícia de rotulá-las como bruxas. Não há nenhum demônio em lugar algum, e não há nenhuma bruxa em lugar algum, mas essas mulheres foram escolhidas para ser destruídas porque eram competidoras da religião católica. Estavam carregando a tradição mais velha e mais antiga quando o mundo era pagão. Elas eram adoradoras da natureza, e para o catolicismo isso é o pior crime, porque significa que não há necessidade alguma de um Deus, a natureza é suficiente. Não há necessidade alguma de um Jesus Cristo como salvador, porque ninguém está se afogando. E não há necessidade alguma de sacerdotes católicos e seus confessionários, porque a natureza não conhece nada como pecado.

Essas mulheres foram queimadas vivas porque eram pagãs. Mas queimá-las apenas porque eram pagãs não é uma desculpa suficiente; elas tinham de ser condenadas de tal forma que o fato de serem queimadas vivas pudesse ser apoiado racionalmente. Primeiro, elas eram torturadas durante dias seguidos – mecanismos especiais foram inventados para torturá-las –, e depois de uma ou duas semanas de tortura contínua, sem comida, apanhando, proibidas de dormir, as mulheres finalmente tinham de, por impotência, confessar, porque, a menos que confessassem, a tortura continuaria. Então qual é o propósito? Você não pode escapar...

A Igreja era muito poderosa; não era apenas a religião, era o governo também. Ela tinha todos os poderes da religião e todos os poderes do governo, do Estado. Assim, o que quer que fosse perguntado, essas mulheres confessavam; a confissão era ditada. O poder da Igreja permaneceu, embora seu poder secular tenha se reduzido a 12,88 km^2 no Vaticano. Mas é ainda um reinado, uma nação independente, e o papa é também um chefe de Estado.

Agora mesmo o gerente do banco do Vaticano está escondido, porque o governo italiano tem uma ordem de prisão contra ele – descobriram que seus crimes são grandes –, mas não podem entrar no Vaticano. É um país independente. Talvez o papa dirija a maior máfia do mundo, e o banco do papa no Vaticano transforma todo o dinheiro que vem de drogas em dinheiro válido, o dinheiro negro em branco, milhões de dólares por semana. O gerente do banco está agora sendo procurado pelo governo italiano. Tem uma ordem de prisão não-afiançável, e a polícia está esperando por ele ao redor do Vaticano. O papa o recompensou, ele era apenas um bispo e foi promovido a cardeal.

O papa tem gastado dinheiro em suas viagens pelo mundo como nenhum outro jamais o fez. Alguns meses atrás, na Austrália, ele gastou mais em sua viagem do que a rainha da Inglaterra quando fez a mesma viagem. Quase todos os anos ele tem gastado 9 milhões de dólares nas suas viagens pelo mundo, e todo esse dinheiro vem da heroína e de outras drogas.

É estranho como a humanidade é cega. E essas pessoas continuam falando palavras lindas; elas são contra drogas, e todo o seu império depende de drogas! Elas condenam tudo o que elas mesmas praticam. Condenam o homossexualismo, e quase 50% dos monges católicos são homossexuais. Essa é uma estimativa, mas supõe-se que a porcentagem seja maior. O que dizer sobre os monges nos monastérios? O papa anterior a esse polaco, ele próprio era homossexual. Antes de se tornar papa, era cardeal em Milão, e tinha um namorado, e isso era a fofoca da cidade. Depois, ele se tornou o papa, e a primeira coisa que fez foi chamar seu namorado para ser secretário. O mundo todo sabia que ele era homossexual, e a Igreja Católica é contra o homossexualismo, e o chefe da Igreja era um praticante do homossexualismo. Absoluta desonestidade, insinceridade.

Milhões de pessoas foram mortas em nome da religião e de Deus, nas cruzadas, *jihads*, e guerras religiosas. Esse livro é uma grande contribuição, no qual está exposto claramente o papel da Igreja Católica Romana em assassinatos, terrorismo, desfalque, tráfico de drogas e roubos grandes contínuos de incríveis somas de dinheiro, manipulação de políticos nos Estados Unidos, Itália, América do Sul, Polônia...

Alguns dias atrás, o papa João Paulo II declarou que a Igreja não deveria tomar parte em nenhum tipo de política, que os sacerdotes, os monges, os cardeais cristãos deveriam permanecer além da política. E, enquanto ele falava tudo isso, estava enviando milhões de dólares – foi calculado que ele enviou 1 bilhão de dólares – à Polônia para um partido lutar contra o comunismo. Essas pessoas têm tantas facetas! Se não é para tomar parte na política, então por que ele deveria ficar interessado em que o Partido Comunista não permanecesse no poder na Polônia? E de onde obteve 1 bilhão de dólares para apoiar a oposição? De drogas...

Mas isso não é novo. Tem acontecido desde a crucificação de Jesus. Se o filho daquele pobre carpinteiro tivesse sabido que isso seria o resultado supremo de seus ensinamentos, os judeus não precisariam crucificá-lo; ele próprio teria cometido suicídio. O que esse livro fez para a Igreja Católica deveria ser feito para todas as religiões – uma pesquisa profunda em seus trabalhos –, e você não achará que elas são menos criminosas que os católicos.

O que aconteceu com os budistas? Gautama Buda nasceu na Índia. Seu impacto foi tão tremendo que quase todo o país estava sob sua influência; milhões de pessoas tornaram-se budistas. Mas, depois que ele morreu, o que aconteceu com esses milhões de budistas? Eles foram assassinados, foram queimados vivos, foram expulsos do país.

Toda a Ásia é budista, porque essas pessoas que escaparam da Índia simplesmente para salvar sua vida chegaram à China, à Coréia, ao Vietnã, à Tailândia, a Burma, ao Japão, ao Sri Lanka. Elas cobriram todo o Extremo Oriente. Todo o Extremo Oriente é budista, exceto a Índia, onde durante 25 séculos não houve um único budista. Um movimento tão tremendo não pode simplesmente evaporar, mas, por ser contra o bramanismo, contra o hinduísmo, os hindus e os brâmanes não podiam tolerá-lo. Ele estava destruindo toda a profissão deles, porque os brâmanes têm vivido como parasitas; eles não fazem nada exceto rituais religiosos.

Buda era contra todos os rituais religiosos; era contra os Vedas, que são cheios de absurdos. Enquanto ele estava vivo, os hindus permaneceram silenciosos, porque não havia argumento para derrotá-lo. O que ele dizia era tão claro e tão certo, e no momento certo, que era impossível haver qualquer confronto. Mas, uma vez morto, então começou uma tremenda chacina contra os budistas. O mesmo aconteceu com os jainas. Mas ninguém pode dizer nada, porque o governo imediatamente interfere dizendo que você não deveria ferir os sentimentos religiosos de ninguém.

É estranho. Pessoas podem ser assassinadas, e você não deveria dizer nada sobre isso? Por esse motivo não há um único livro na Índia comparável a este, porque o governo tem de olhar para os eleitores, e os hindus constituem a maioria.

Ninguém escreveu uma história sobre o que os muçulmanos fizeram aos hindus enquanto estavam no poder ou aos jainas. Quantos templos lindos eles destruíram, quantos milhões de obras de arte que representavam séculos de trabalho, de estátuas, de templos, eles destruíram. Quantas mulheres eles estupraram, quantos homens eles forçaram a ser muçulmanos ou morrer.

Todos os muçulmanos que estão na Índia não vieram da Arábia; são pessoas convertidas, e convertidas sob a força da espada, não por qualquer convicção intelectual, não por provarem que o islamismo é a melhor religião. Os muçulmanos usavam a espada como o único argumento, mas não existe um único livro para contar a história de contínuos assassinatos e estupros, quase por quinze séculos.

Toda religião deveria ser examinada, pesquisada, e o público deveria ficar totalmente consciente do que essas pessoas fizeram à humanidade. Não se deveria dar atenção nenhuma a todo esse absurdo de que os sentimentos religiosos ficam feridos. Continuam cometendo crimes contra o homem, e quando isso é falado, o sentimento religioso fica ferido... É hora de eles serem expostos, sem pena, porque isso preparará o solo para o nascimento do rebelde, para o nascimento de uma grande rebelião contra essas instituições vis. E introduzir a humanidade num relacionamento amoroso, sem nações, sem religiões, mas com uma profunda religiosidade, com um grande respeito pela vida e com uma grande gratidão pela existência.

Tudo o que é preciso é uma ampla rebelião, especialmente da geração mais jovem, porque eles vão viver no futuro. O passado não deveria ser repetido.

The Rebel, sessão 13

13 – Catecismo para uma calamidade

Qual foi o maior dano que as assim chamadas religiões fizeram à humanidade?

O maior dano que as assim chamadas religiões causaram à humanidade foi impedir que ela encontrasse a verdadeira religião. Elas fingiam ser a verdadeira religião.

Todas as religiões do mundo têm condicionado a mente humana, desde a infância, a acreditar que a religião que herdamos ao nascer é a verdadeira religião. Um hindu acredita que sua religião é a única religião verdadeira do mundo; todas as outras religiões são falsas. O mesmo ocorre com o judeu, com o cristão, com o budista, com o muçulmano. Eles concordam num ponto: que não há necessidade de encontrar a verdadeira religião. A verdadeira religião já está disponível para você; você nasce com ela.

Considero isso seu maior dano, porque o homem, sem religião autêntica, pode apenas vegetar, não pode viver realmente. Permanece um ser superficial; não pode atingir nenhuma profundidade, nenhuma autenticidade. Não conhece nada sobre suas próprias profundezas. Ele sabe, sobre si mesmo, por meio dos outros, do que eles dizem, assim como você conhece a sua face pelo espelho. Você está familiarizado consigo mesmo pelas opiniões de outras pessoas, você não se conhece diretamente. E as opiniões das quais você depende são dessas pessoas que estão numa posição semelhante: elas não se conhecem.

Essas religiões criaram uma sociedade de pessoas cegas, e elas ficam falando que você não precisa de olhos. Jesus tinha olhos; qual é a necessidade de os cristãos terem olhos? Tudo o que você tem de fazer é acreditar em Jesus. Ele o conduzirá no caminho para o paraíso, você simplesmente o seguirá. Não é permitido que você pense, porque o pensamento pode desviá-lo.

Isso certamente o levará a diferentes caminhos, os quais eles não querem que você tome, porque pensar significa aguçar a sua dúvida, o seu intelecto, e isso é muito perigoso para as religiões. As assim chamadas religiões querem que você esteja inerte, morto, de alguma forma se arrastando. Elas querem que você não tenha inteligência, mas são espertas em dar bons nomes: chamam isso de fé. Isso não é nada mais que o suicídio da sua inteligência.

Uma religião verdadeira não exigirá fé de você. Uma religião verdadeira exigirá experiência. Ela não pedirá que você abandone a sua dúvida; ela o ajudará a aguçar a sua dúvida para que possa indagar até o final. A verdadeira religião o ajudará a encontrar a sua verdade.

E lembre-se: a minha verdade nunca pode ser a sua verdade, porque não há como transferir a verdade de uma pessoa para outra. A verdade de Maomé é a verdade de Maomé; ela não pode ser a sua apenas pelo fato de você se tornar um muçulmano. Para você, ela permanecerá sendo apenas uma crença. E quem sabe se Maomé conhece (ou não) a verdade? Quem sabe se Jesus não pode ser simplesmente um fanático, um neurótico? É nisso que os psiquiatras e os psicanalistas modernos concordam: que Jesus era um doente mental. Declarar-se o único filho de Deus, declarar: "Eu sou o messias que veio redimir o mundo todo do sofrimento e do pecado". Você acha que isso é normal? E quantas pessoas ele redimiu? Não acho que tenha sido capaz de redimir uma única pessoa do sofrimento e do pecado. Ele certamente era um megalomaníaco.

Como você pode ter fé? Mesmo que Gautama Buda conheça a verdade, não há como saber se ele a conhece ou não. Sim, você pode reconhecer que alguém conhece a verdade se você também a conhecer; então terá a capacidade de sentir o cheiro dela. Caso contrário, você estará simplesmente acreditando na opinião pública: estará acreditando na psicologia do povo, que é a mais baixa. A verdade vem para a inteligência mais elevada.

Mas, se desde o início você é ensinado a acreditar, então você é aleijado, você é destruído. Se desde o início você é condicionado a ter fé, você perdeu a sua alma. Então, você vegetará, não viverá. E isso é o que milhões de pessoas ao redor do mundo estão fazendo: vegetando.

Que tipo de vida você pode ter? Você nem ao menos se conhece. Você não sabe de onde veio, para onde está indo, qual é o propósito de tudo isso. Quem o impediu de saber? Não foi o demônio, mas os papas, os sacerdotes, os rabinos, os *shankaracharyas*. Esses são os verdadeiros demônios.

A meu ver, todas essas sinagogas, templos, mesquitas, igrejas, todos são dedicados ao demônio, não a Deus, porque o que eles fizeram não é divino, é assassinato puro: o massacre de toda a mente humana. Mas eles fizeram muitas outras coisas também. Esse dano fundamental não pode ser feito sozinho, precisa do apoio de muitos outros danos. Por exemplo: as religiões desmistificaram o universo. Eu considero isso um dos maiores crimes. Deixe-me repetir: elas desmistificaram o universo, e eu considero isso um dos maiores crimes, e fizeram isso de uma forma tão astuta, tão esperta, que você nem ao menos está consciente do que foi feito.

O que eu quero dizer quando digo desmistificar o universo? Quero dizer que forneceram respostas prontas para você. Todas as religiões têm determinado catecismo. Os cristãos me abordaram: "Por que você não publica um compêndio que contenha o seu catecismo? Você possui tantos livros que é difícil ler todos para descobrir qual é a sua mensagem. Será fácil; assim como os cristãos fizeram, você poderá publicar o catecismo num cartão-postal". Tive de dizer-lhes: "Isso é impossível para mim, porque de forma nenhuma eu tenho um catecismo. Você terá de examinar os meus livros. Terá de entrar nessa mata e descobrir a mensagem. E não sei se você será capaz de encontrar uma ou se você se perderá. A segunda possibilidade é a mais provável".

Todas as religiões têm fornecido um catecismo. O que é um catecismo? Para perguntas que não têm respostas, elas lhe dão respostas, mesmo antes de você ter perguntado. Mas nenhuma religião é corajosa o suficiente para dizer: "Há coisas sobre as quais você pode fazer uma pergunta, mas não espere a resposta. A vida é um mistério".

A vida só pode ser um mistério se houver perguntas que não tenham respostas. Mas então a religião perde toda a garra sobre o seu pescoço.

Se há perguntas que não têm respostas, então o que os seus messias e mensageiros de Deus e encarnações de Deus, o que todos esses tolos estão fazendo? Todos eles responderam perguntas que basicamente não têm respostas e que deveriam ser deixadas sem respostas. Uma pessoa honesta, uma mente sincera, aceitará o fato: "Sim, há uma pergunta, mas não há nenhuma resposta".

À medida que sua inteligência vai ficando mais madura e você entra na existência por direções diferentes, e começa a sentir, a viver e a amá-la, ela se torna uma poesia, uma pintura, uma música, uma dança, um caso de amor, mas não teologia. Ela se torna, pouco a pouco, tão mais misteriosa que você poderia ter imaginado que está sentado sobre imensos tesouros de mistério. Mas as religiões lhe dão respostas prontas.

A existência está aí e naturalmente surge a questão: "Quem a criou?" Fique com a questão. Não aceite a resposta de ninguém, porque há camelôs em todos os lugares – cristãos, muçulmanos, hindus, budistas, jainas, judeus –, todos os tipos de camelôs à procura de clientes, tentando lhes vender algo que é simplesmente veneno e nada mais. Eles dirão: "Deus a criou" ou "Alá a criou". Sim, eles deram uma resposta, mas você sabe o dano que causaram? Se você aceita a resposta deles, a sua questão morre. E, com a morte da questão, a sua indagação morre. Então você nunca indagará. Se você tivesse indagado... e eu posso dizer com a minha própria autoridade, e a minha autoridade não depende dos *Vedas* ou da *Bíblia* ou do *Alcorão*, ela depende apenas da minha experiência, da minha indagação. Digo, com a minha própria autoridade, que, se você ficar questionando sem aceitar a resposta de ninguém, inclusive a minha, pouco a pouco verá que a resposta não é encontrada, mas a questão desaparece.

Esse é o momento de sentir o mistério.

Você vê a diferença? As assim chamadas religiões reprimem a questão: elas colocam uma resposta sobre ela para cobri-la, uma resposta que elas dão como se o próprio Deus as tivesse dado. Os hindus dizem que os *Vedas* foram escritos por Deus. Pura tolice! Porque nos *Vedas* há tantas coisas que foram provadas como absolutamente absurdas. Se Deus escreve esses absurdos, então deveria ser destronado.

Todos eles tornarão suas respostas importantes, significativas, infalíveis, como se viessem do próprio Deus ou do filho de Deus ou de seu mensageiro. Todas essas estratégias são usadas para fazer com que a resposta deles penetre no seu ser e condicione você tão profundamente que a sua questão desapareça no seu inconsciente.

A função de uma verdadeira religião é descartar todas essas respostas, descartar todas essas autoridades, trazer à luz o seu autêntico questionamento, as suas dúvidas, as suas indagações, e ajudá-lo a ir em busca do desconhecido, do inexplorado. É uma jornada perigosa.

As religiões lhe deram vida confortável, formas convenientes de vida. Mas não há como viver, a não ser que você decida viver perigosamente, a não ser que você esteja pronto para entrar no escuro, para procurar e buscar a si mesmo.

E lhe digo: você não encontrará a resposta. Ninguém jamais encontrou a resposta. Todas as respostas são mentiras.

Sim, você encontrará a realidade, mas a realidade não é a resposta para a sua questão. A realidade será a morte da sua questão. E, quando a sua questão desaparece e não há nenhuma resposta disponível, esse espaço é mistério.

Uma verdadeira religião é misticismo.

No início, a ciência tentou seguir o caminho trilhado pelas velhas religiões. Mas ela não podia continuar por muito tempo nessa linha, porque tinha de lidar com a realidade, e a religião, a assim chamada religião, é fictícia. Assim, a religião pode continuar vivendo em seu mundo fictício, mas a ciência tem de encontrar a realidade mais cedo ou mais tarde. Nem mesmo por um século ela poderia continuar com a idéia: "Logo nós desmistificaremos o universo todo, logo iremos conhecer tudo".

Agora, pergunte a Albert Einstein ou a Ernest Rutherford, pergunte a essas pessoas que penetraram no mistério mais profundo da matéria, e suas afirmações parecem as afirmações de místicos. Agora eles são muito humildes; o velho egoísmo do cientista do século XVIII, do século XIX, desapareceu. Agora o cientista é a pessoa mais humilde no mundo, porque sabe que é impossível saber.

Nós podemos viver melhor, podemos viver mais, podemos viver mais confortavelmente, mas não podemos saber o que é a vida. Essa questão permanecerá uma questão até o fim. Todo o meu esforço aqui é ajudá-lo a ficar ignorante outra vez.

As religiões o instruíram, e esse é o dano que causaram. Elas lhe entregaram todo o catecismo cristão tão fácil e simplesmente que você pode memorizá-lo em uma hora e repeti-lo como um papagaio. Mas você não chegará a conhecer a verdade, o real, aquilo que o cerca dentro e fora. O catecismo não vai lhe dar isso. Mas abandonar o conhecimento é um dos maiores problemas, porque o conhecimento dá muita nutrição para o ego. O ego quer todo o conhecimento em seu poder.

Quando eu digo que você tem de abandonar o conhecimento e se tornar uma criança outra vez, quero dizer que você tem de começar desse ponto em que o rabino ou o sacerdote o desviaram. Você tem de voltar a esse ponto outra vez. Tem de ser inocente, ignorante de novo, sem saber nada, para que as questões possam surgir novamente. Outra vez a indagação se torna viva, e, com a indagação se tornando viva, você não pode vegetar.

Então a vida se torna uma exploração, uma aventura. Tudo começa a ter um aroma de mistério ao redor. E você não pode simplesmente passar direto por uma flor quando ela o está chamando. O que é o seu perfume senão um chamado? É a sua linguagem: "Por favor, fique comigo apenas por um momento. Está frio demais aqui, solitário demais". Você não pode passar direto, nenhuma criança pode passar direto.

Mas o rabino, o *pândita**, o *maulvi*** e o erudito estão tão carregados com os livros, sua mente tão atravancada com trastes – todas essas pessoas estão coletando antiguidades, esqueletos mortos –, que a flor não será ouvida. E, de qualquer maneira, eles sabem tudo. Até mesmo sabem quem criou Deus, quem criou o mundo, quem criou a alma; assim, o que dizer dessa pobre flor?

Mas pergunte a um poeta e ele pode dizer: "Uma rosa é uma rosa é uma rosa". Isso é uma resposta? Isso é uma questão? Não é uma pergunta nem uma resposta. É simplesmente uma descrição, uma reflexão; ele está simplesmente dizendo o que está vendo. Ele não está citando escrituras. Mas há pessoas que continuam... Essas pessoas estão cheias de livros e palavras que não são suas experiências. E, a menos que algo seja a sua experiência,

* Homem estimado por sua sabedoria e/ou conhecimentos, freqüentemente usado como título honorífico. (N.E.)

** Clérigo islâmico. (N.E.)

não fique se enganando. O conhecimento é muito ilusório; e essas religiões são responsáveis por tornar as pessoas instruídas.

As religiões deveriam ajudar as pessoas a se tornar inocentes, deveriam ajudá-las a se tornar ignorantes, deveriam ajudá-las a indagar, a procurar, a buscar. Mas, em vez disso, elas lhe deram tudo, ofereceram-lhe numa bandeja todas as respostas que você teria de encontrar. O que você perdeu por receber esse presente, você nem ao menos está consciente disso. Você perdeu tudo.

Você vive uma vida emprestada porque lhe disseram como viver. Disseram como disciplinar sua vida. Disseram como controlar seu comportamento, sua natureza, e você os tem seguido cegamente, sem entender um princípio simples: Gautama Buda só nasce uma vez. Durante 25 séculos, milhões de pessoas tentaram tornar-se Gautama Buda, e nenhuma conseguiu. Esse é um fato simples. E eu digo que é bom ninguém ter conseguido; teria sido um infortúnio se alguém tivesse conseguido. Ninguém poderia conseguir porque todo ser tem sua própria singularidade: Gautama Buda tem sua singularidade, você tem a sua singularidade. Nem ele tem de seguir você, nem você tem de segui-lo. O seguir cria imitadores. No momento em que for um imitador, você perderá o contato com a sua vida. Isso é o que quero dizer quando falo que você começa a vegetar. Você estará fazendo o papel de outra pessoa, esquecendo-se completamente da sua vida real.

Há monastérios, monastérios católicos, nos quais, uma vez que um monge entra ali, nunca sairá, e milhares de pessoas estão vivendo em tais monastérios. O que eles estão fazendo? Estão continuamente tentando, fazendo esforço para, de alguma maneira, tornar-se um pouco parecidos com Cristo, se não o Cristo todo, até mesmo um Cristo parcial servirá. Mas essa imitação não vai ajudar. Ela pode lhe dar uma pseudomáscara, uma falsa máscara, mas arranhe-a um pouquinho e você verá que a sua pessoa verdadeira ainda está aí. Não é possível, por meio da imitação, enganar a existência. Você pode enganar a si mesmo.

Dando-lhe ideais – o que fazer, o que pensar, o que ser –, essas religiões fornecem-lhe tudo. Elas não deixam nada para você fazer; você tem apenas de seguir cegamente. E, se toda a humanidade está funcionando de uma maneira cega, não é de admirar. Mas quem é responsável?

Todas essas religiões são responsáveis por torná-lo falso, plástico. Elas lhe disseram detalhadamente o que comer, o que não comer; quando dormir, quando acordar. Você é absolutamente controlado. Você é transformado num robô, e, quanto mais robô for, mais santo será. Então será venerado, então terá o respeito da sua religião. Quanto mais irreal você for, mais respeitável será. E se, a qualquer momento, você mostrar sua realidade, todo o respeito por você será retirado. Não, ninguém pode lhe dar uma disciplina. Você terá de encontrá-la por meio da sua própria consciência.

Quando os *sanyasins** me perguntam como deveriam viver, o que deveriam fazer, o que não deveriam fazer, eu simplesmente lhes digo: "Vocês não entendem. Minha única mensagem é para que sejam cada vez mais vocês mesmos".

A primeira coisa é ser você mesmo. E a segunda é saber quem você é. Por isso, permaneça você mesmo, permaneça natural. Tente ficar cada vez mais consciente do que é essa corrente vital que o está dirigindo. Quem está batendo seu coração? Quem está por trás da sua respiração?

---

* Indianos que renunciam aos confortos materiais. (N.E.)

Simplesmente se torne cada vez mais alerta sobre o que quer que você faça, o que quer que você pense, o que quer que você sinta. Simplesmente permaneça alerta, um observador na colina, e essa observação o ajudará a encontrar a sua disciplina. A observação o ajudará a descobrir o que comer e o que não comer, o que fazer e o que não fazer. A observação contínua o tornará consciente para abandonar muitas coisas que você está carregando desnecessariamente e que se tornaram um peso, e para escolher apenas aquilo que está em harmonia com você, não um peso, mas um alívio.

Se você vive alerta, vive constantemente. Se você vive na imitação, vive erroneamente. Para mim há apenas um pecado: não ser você mesmo. E para mim há apenas uma virtude: conhecer a si mesmo.

Todas essas religiões têm impedido esse acontecimento. É hora de nos livrarmos de todo esse absurdo que o passado deixou sobre nossa cabeça. Se você puder ser Adão e Eva outra vez – não Moisés, não Mahavira, não Maomé, não Jesus, não Confúcio, não Lao-tsé –, se você for Adão e Eva, recém-nascidos, acabando de sair do Jardim do Éden, sem ninguém a quem perguntar o que fazer, ninguém a quem perguntar que disciplina é a certa, nenhum sacerdote, nenhum rabino, nenhum papa disponível, o que você vai fazer?

Faça isso!

Ignorance to Innocence, discurso 13

Parte II

Religiosidade: transformação, não renúncia

14 – O Jardim do Éden revisitado

Como voltar ao Jardim do Éden?

Você nunca deixou o Jardim do Éden. A história cristã está errada.

Tenho falado sobre a história cristã de tantos ângulos diferentes; é uma linda história e certamente tem um enorme potencial. Um aspecto também deve ser lembrado: onde quer que você esteja, ainda está no Jardim do Éden. Nem mesmo Deus tem poder de expulsá-lo. Onde ele o jogaria? Porque todo lugar é o Jardim do Éden. Sempre quis saber por que nem um único teólogo cristão levantou a questão em dois mil anos: Deus expulsou Adão e Eva do Jardim do Éden, mas para onde os mandou? Existe algo do lado de fora da existência?

Tudo está dentro, não há nada fora. Não há fronteiras para a realidade; você não pode ser expulso da realidade. É um fato tão simples: você ainda está no Jardim do Éden, você apenas adormeceu. O seu sono consiste da sua mente, dos seus desejos, dos seus sonhos, das suas ambições, das suas motivações. Quando você abandona todo esse lixo, subitamente acorda e se vê no Jardim do Éden. E o Jardim do Éden não pertence a Deus, não é seu monopólio. Ele pertence a todos, a toda entidade viva, porque Deus é apenas um nome coletivo para todas as consciências que existem no mundo; Deus não é uma pessoa.

A história cristã fez Deus muito feio. Se eu tiver de escrever a história outra vez, as primeiras instruções que darei a Adão e Eva – e essas são as instruções que estou dando a você – serão: coma o fruto da sabedoria, coma o fruto da vida eterna. Você pertence à consciência suprema, pertence à imortalidade.

Você é um Buda. Você tem apenas de ser sacudido. Não é que você tenha de se tornar asceta e bater nas portas, mendigar e orar: "Deus, Pai, por favor, abra a porta. Eu nunca comerei a fruta, nunca olharei para ela". Você está sentado sob a árvore. Simplesmente abra os olhos e a sabedoria é sua, e a vida eterna é sua. E essas não são duas árvores...

A história está errada em muitos pontos. Primeiro: um Deus que é pai não pode impedi-lo de ter a vida eterna e não pode impedi-lo de ser sábio. Segundo: sabedoria e vida eterna não são duas coisas; elas são dois aspectos da mesma experiência.

Eu declaro a você: este é o Jardim do Éden.

Ta Hui, sessão 32

15 – Minha trindade: vida, amor, riso

Por que a humanidade está tão infeliz hoje?

Yuri Gagarin, o primeiro astronauta russo, foi o primeiro homem a olhar a Lua tão de perto e o primeiro homem a olhar a Terra a tanta distância. Quando ele voltou, disse que ficou surpreso, pois naquele momento não podia imaginar uma parte da Terra como a União Soviética, outra parte como os Estados Unidos, outra como a Índia, outra como a China; não havia partes. E a Terra toda era tão luminosa quanto a Lua. Foi preciso apenas uma distância para ver a luminosidade, porque os raios do Sol estão sendo refletidos de volta.

Se você olha da Lua, a Terra parece a Lua e a Lua parece a Terra. A Lua não brilha sobre a Lua. É nos seus olhos a distância que os raios refletidos do Sol dão luz à Lua. Yuri Gagarin não estava consciente, antes disso, de que um milagre ia acontecer: a Lua torna-se exatamente como a

Terra, e a Terra torna-se luminosa. A Terra é oito vezes maior que a Lua, e por isso sua luz também é oito vezes maior. É enorme, inimaginável. Quando ele voltou a Moscou, as pessoas lhe perguntaram: "Qual foi a primeira idéia em sua mente quando você viu a Terra da Lua?". Ele disse: "Vocês terão de me perdoar; eu esqueci completamente que era russo. Disse simplesmente: 'Ah, minha linda Terra'. Essas foram as primeiras palavras que vieram à minha mente".

Para ver um simples fato, uma pessoa tem de ir tão longe? É a nossa bela Terra. Ela não pertence a raça nenhuma, a nação nenhuma; ela pertence a todos nós. Mas, em vez de usarmos nossas forças e energias vitais, nossa inteligência para nos alegrar, estamos trabalhando arduamente na manufatura da morte. Parece que a única função da vida é manufaturar a morte. Isso é totalmente absurdo.

Este planeta tem a capacidade de se tornar um paraíso, mas isso depende de nós. As pobres montanhas não podem fazer nada; as pobres árvores podem dançar ao sol, na chuva, mas não podem fazer mais que isso. Só o homem pode transformar toda a atmosfera da orientação de morte para a afirmação da vida. E, para mim, o homem que é afirmativo à vida é autenticamente religioso, e não as pessoas que vão à igreja todo domingo, ou as pessoas que vão à mesquita, ou as que vão à sinagoga. Essas estão enganando a si mesmas, comprando a religião por um preço muito baixo, sem arriscar nada, sem se transformar. Elas conseguiram criar lindos brinquedos: estátuas de Deus, escrituras vindas do céu, mensageiros e profetas imaginados... porque nós amamos a idéia de que Deus se importa conosco e nos envia mensageiros. Acreditamos nesses mensageiros por causa do nosso ego. Acreditamos em Deus por causa do nosso ego: Deus criou o homem, e Deus criou o homem à sua imagem, e Deus criou o homem como a criação suprema. Depois disso, ele não criou. Essa foi a última assinatura da sua criatividade; desde então, ele se aposentou.

Para mim isso tem um significado totalmente diferente. O homem tem acreditado que foi criado por Deus porque isso lhe dá sensação de um grande ego: "Não sou uma pessoa comum, mas sim uma criação de Deus". Mas, para mim, a própria idéia de Deus é feia, e a idéia de que ele criou o homem transforma esse homem apenas numa marionete. A idéia de que você foi criado por alguém – manufaturado, talvez feito à mão – tira toda a dignidade, todo o orgulho e todo o auto-respeito. Então você não pode ter uma alma própria. Então você certamente é um mecanismo e nada mais. E, além disso, está nas mãos de um Deus caprichoso. Em primeiro lugar, por que ele permaneceu em silêncio, durante toda a eternidade, e não criou você?

De acordo com o cristianismo, ele criou o homem exatamente 4004 anos antes de Cristo. Presumo que deve ter sido segunda-feira, 1° de janeiro. Essa é uma conclusão lógica. Ele não poderia ter criado você em nenhum outro dia, porque antes da criação não poderia haver nenhum calendário. Assim, qualquer que tenha sido o dia em que ele o criou, foi 1° de janeiro, e o primeiro ano de Nosso Senhor.

Isso me lembra algo: um astrólogo judeu era muito famoso e conhecido pelas suas previsões acuradas. Adolf Hitler, embora relutante, mas sabendo perfeitamente bem que o homem havia previsto coisas que realmente aconteceram, finalmente concordou em permitir que ele lesse o seu destino, porque o seu destino era o destino da nação. A seus olhos, seu destino era o destino do mundo todo, e não apenas por um ano; sua idéia era ter um domínio de mil anos sobre a humanidade toda. O astrólogo judeu veio, estudou as estrelas do dia em que Adolf Hitler nasceu, examinou seus livros e disse: "Só uma coisa é certa: você morrerá num feriado judeu". Adolf Hitler disse: "É uma previsão estranha; o que você quer dizer com isso? Qual feriado?". O astrólogo disse: "Isso não é certo. Só é certo que, qualquer que seja o dia em que você morrer, ele se tornará um feriado judeu!".

Da mesma forma, qualquer dia em que Deus tenha criado o mundo deve ter sido 1º de janeiro; não há outra forma. E apenas seis mil anos atrás... O que dizer sobre antes disso? É por isso que o chamo de caprichoso. Esse Deus caprichoso permaneceu em silêncio durante toda a eternidade, nunca criou nada, e em apenas seis dias criou o mundo todo, e desde então nada se sabe a respeito dele. No sétimo dia ele descansou. Tudo bem, é permitido. Mas a pessoa tem de voltar ao escritório na segunda-feira! Ele nunca voltou ao escritório, e, de mais a mais, será perigoso se ele retornar ao escritório; o que fará? Agora a única coisa que resta é destruir. E um Deus que cria um mundo sem razão alguma também é capaz de destruí-lo sem razão alguma.

Você não tem resposta para a sua questão de por que foi criado, nem terá tempo de perguntar por que foi destruído, pois, uma vez que você seja destruído, está destruído. Quem vai perguntar? A idéia toda de Deus ter criado o homem tirou a beleza da vida, a alegria da vida, transformou-a em mecanismo. Quero tirar Deus da sua vida, para que você possa pela primeira vez se sentir independente, livre, não como uma marionete criada, mas como uma fonte eterna de vida. Só então poderá festejar.

O mundo parece tão triste, tão cristão. Não é só Jesus que é triste; ele pode ser perdoado, é um pobre homem na cruz, você não espera que ele sorria e lhe diga olá! Mas ele representa quase todo mundo. Não apenas os cristãos, mas todo mundo parece estar na cruz, a cruz invisível... tão sério.

Talvez Jesus estivesse certo quando disse que todos têm de carregar sua cruz nos ombros.

Em primeiro lugar, por que todos deveriam carregar uma cruz? Você não pode encontrar nada mais para carregar? Não posso aceitar a idéia. Ninguém deveria carregar uma cruz, quer seja para si mesmo ou para qualquer outra pessoa. Você não deveria carregar uma cruz de jeito nenhum. Há coisas lindas para carregar: você pode carregar um violão. E, se gosta de coisas muito pesadas, pode carregar coisas muito pesadas – um velho piano –, mas algo lindo, algo digno de um homem inteligente, não uma cruz.

Vejo a humanidade toda num mar de tristeza, e a razão é que você foi condicionado a ser triste. Sua religião não quer que você cante, ria e dance, porque as pessoas que riem, cantam e dançam são fundamentalmente de caráter independente. Elas têm certa singularidade e individualidade próprias. Elas não são escravas, e não concordam em ser escravas, qualquer que seja a conseqüência.

Este mundo só quer que você trabalhe para algum poder dominante, e que trabalhe arduamente. Ele não quer que você perca seu tempo meditando, tocando violão ou dançando sob as estrelas. O poder dominante não gosta dessa idéia. Ele gosta que você seja sério, triste, para que possa ser escravizado facilmente, para que possa ser comprado facilmente, para que possa ser explorado facilmente. Pense apenas por um momento no mundo todo rindo, dançando, cantando; apenas por uma hora. Todos os tipos de escravidão desaparecerão, todas as nações desaparecerão e todas as religiões desaparecerão. Naturalmente, os presidentes, os primeiros-ministros, os papas e os aiatolás ficarão muito chocados. O que está acontecendo? E, mais cedo ou mais tarde, eles participarão, porque qual é a finalidade de ficar parado no meio da humanidade toda que está dançando e celebrando, e ninguém ao menos perguntando por quê, o que aconteceu? Ninguém tem tempo, todo mundo está celebrando. Logo você verá o papa também na multidão ficar olhando de fora para as pessoas celebrando. Será tão constrangedor, tão embaraçoso... É bem possível que, se Jesus estivesse vivo, desceria da cruz e começaria a dançar, esqueceria tudo a respeito da cruz e do cristianismo!

Quem se importa com Deus? Só as pessoas miseráveis. Quem vai à igreja? Só as pessoas que estão próximas da morte, pessoas idosas com medo do frio, da solidão, da escuridão e do túmulo. E nunca se sabe por quanto tempo elas terão de esperar, no túmulo, antes de chegar o dia do último julgamento. Vai ser uma espera muito longa no túmulo, no qual você nem ao menos pode se mover; dançar, então, está fora de questão!

No dia do juízo final... eu posso lhe garantir que não vai haver julgamento algum, porque haverá bilhões e bilhões de pessoas: todas essas que têm estado nos túmulos há séculos, todos vocês e todas as pessoas do futuro até o dia do último julgamento chegar. A multidão vai ser tão grande que é quase impossível... E, lembre-se, metade da multidão será mulher; haverá tanta tagarelice e tanta busca! Todo mundo estará procurando seu marido ou sua esposa. Não acho que haja qualquer possibilidade, especialmente nesse dia, de julgamento algum. A idéia toda é absurda. Em um dia! E por que essas pobres pessoas deveriam esperar em seus túmulos?

Assim, quando as pessoas se aproximam da morte, quando sentem que um pé já está no túmulo, colocam o outro pé na igreja! Quem sabe, talvez, todas essas histórias que têm sido contadas na Igreja sejam verdadeiras, e, se de qualquer forma não há mal algum, por que arriscar?

Antes de eu ser deportado da Grécia, o arcebispo da Grécia ameaçou o governo de que, se eu não fosse deportado imediatamente, ele iria dinamitar e incendiar a minha casa e queimar vivas todas as pessoas que estivessem lá comigo. Esse é o representante de Jesus que diz: "Ame o seu inimigo" – eu nem ao menos sou um amigo – e "Ame o seu vizinho". Ele esqueceu de dizer: "Ame o turista".

Essas pessoas são líderes religiosos! E por que o arcebispo ficou tão incomodado comigo? No jardim da linda casa perto do mar, eu era hóspede de um famoso diretor de cinema da Grécia... Era uma casa antiga, linda, que foi reformada, com um jardim grande. Eu costumava me sentar sob uma árvore e falar para as pessoas. E elas vinham do mundo todo, gente que não me via havia quase um ano, ou dois, ou cinco anos. Eu estava perto, por isso todas elas tinham vindo. Nós não estávamos fazendo mal nenhum a ninguém; estávamos simplesmente cantando e dançando. Havia música e eu estava respondendo a suas perguntas. O que estava incomodando o arcebispo? Porque ele deve ter ficado muito incomodado; de outra forma, ninguém ameaçaria queimar alguém vivo. A alegria... As pessoas dançando, as pessoas amando, nada mais a não ser celebração. Nenhuma oração, nenhum Jesus Cristo, nenhuma cruz. Ele ficou com medo: "Isso vai destruir a nossa geração mais jovem".

As religiões perderam suas garras sobre o homem, mas não sobre o inconsciente do homem. Conscientemente, as pessoas podem ver o ponto. É tão simples: esse tipo de comportamento não é apenas desumano; de acordo com a própria religião delas, é absolutamente contra Jesus Cristo, contra a *Bíblia Sagrada*. Mas o inconsciente delas está além de seu próprio poder; elas não podiam ir ao arcebispo para impedi-lo e dizer: "Você está nos humilhando, você está humilhando Jesus Cristo e o seu comportamento é contra o cristianismo". Nem o governo podia dizer ao arcebispo: "Você deveria renunciar, você não deveria estar em tal posto. Para uma pessoa inocente que não fez nada, o seu comportamento, a sua ameaça constante – e ameaças feias, de que queimaria vivas 25 pessoas – não é amável, sem contar que isso não é ser cristão". Mas nem o governo parece ter coragem, nem as pessoas. É como se o homem tivesse perdido toda a coragem.

Andei ao redor do mundo e minha experiência é que, ao longo dos séculos, as religiões têm castrado a humanidade, têm destruído toda a sua coragem, toda a sua dignidade. Você ficou tão acostumado a ser escravo que não consegue se revoltar. E é isso que é necessário, urgentemente necessário, que toda a humanidade se revolte contra todos os limites e fronteiras, prisões e correntes.

Deparei-me com uma afirmação de Karl Marx. Mesmo não concordando com ele, dessa afirmação é impossível discordar. Ele diz que todas as religiões têm colocado flores em suas correntes; assim, você só vê as flores, não vê as correntes. Jogue fora todas as flores e jogue fora todas as correntes. Só então você poderá ter um coração próprio, uma individualidade, e a existência pode ficar cheia de riso. Nós não estamos aqui para ser desnecessariamente miseráveis. Mas parece que somos treinados, e muito bem treinados, para ser infelizes, e, mesmo que haja uma oportunidade, nós a perderemos.

Há um velho ditado em Bali: "Se você é feliz, sempre pode aprender a dançar". Mas, basicamente, o homem não é feliz. Ele é tão infeliz que só para esquecer da sua infelicidade fica tomando bebida alcoólica, usando drogas – maconha, haxixe, ópio – só para esquecer, pelo menos por algumas horas, seu estado deplorável. E não há nenhuma razão para ser infeliz. Na verdade, a infelicidade deveria ser muito excepcional. A felicidade deveria ser simplesmente natural. Você não deveria perguntar a ninguém: "Por que você está tão feliz?" Se você está feliz, sorrindo e se divertindo, todo mundo olhará para você como se algo errado tivesse acontecido: o que aconteceu com esse pobre homem? Por que ele está sorrindo e se divertindo? Parece que não há nenhuma razão. E alguém com certeza perguntará: "Qual é o problema?". Algum policial virá perguntar: "Por que você está criando essa confusão no trânsito? Por que você está sorrindo? Por que está dançando?".

Há necessidade de demonstrar alguma causa para estar saudável e feliz? Mas ninguém pergunta a alguém que é infeliz, ninguém nem ao menos pára para olhar para ele. Ser infeliz é aceito como seu estado natural. Não há nenhuma necessidade de indagar sobre causa alguma, sobre razão alguma. Se você pensar a respeito disso, não acreditará em que estado insano o homem caiu.

Um médico chama seu paciente para lhe dar os resultados de seus testes. "Tenho uma notícia ruim e uma pior", diz o médico. "A notícia ruim é que você tem apenas 24 horas de vida." "Ah, não!", diz o paciente, "o que poderia ser pior do que isso?". O médico responde: "Estou tentando encontrar você desde ontem!".

O homem não pode cair num estado pior. Mas ele caiu; ele esqueceu o riso com que toda criança nasce; ele perdeu o caminho para a saúde e a integridade. A porta se abre neste exato momento, sempre aqui e agora, nos quais a vida e a morte estão se encontrando continuamente. Você escolheu a orientação para a morte porque era do interesse daqueles que estão no poder, e você se esqueceu de que a vida vai passando enquanto você está se afogando em tristeza.

Uma vez um discípulo perguntou a Confúcio como ser feliz, como ser abençoado. Confúcio disse: "Você está fazendo uma pergunta estranha, essas coisas são naturais. Nenhuma rosa pergunta como ser uma rosa".

Quanto à tristeza e à infelicidade, você terá bastante tempo para curti-las no túmulo; então poderá ficar infeliz até satisfazer o seu coração. Mas, enquanto você estiver vivo, esteja totalmente vivo. Por meio dessa totalidade e intensidade surgirá a felicidade, e um homem feliz certamente aprende a dançar. Eu concordo com o velho provérbio de Bali.

Queremos que toda a humanidade seja feliz, que esteja dançando e esteja cantando. Então todo este planeta se tornará maduro, evoluído em consciência. Um homem triste, um homem infeliz, não pode ter uma consciência muito aguçada. Sua consciência é sombria, obscura, pesada. Só quando você ri autenticamente, de repente, como um *flash*, toda a escuridão desaparece.

No seu riso você é o seu eu autêntico. Na sua tristeza você cobre a sua face original com uma identidade falsa que a sociedade espera de você. Ninguém quer que você esteja tão feliz a ponto de começar a dançar na rua. Ninguém quer que você tenha um riso autêntico, senão os vizinhos começarão a bater na sua parede: "Pare. Tudo bem ser infeliz, mas você ficar rindo é um distúrbio". As pessoas infelizes não podem tolerar ninguém que não seja infeliz também.

O único crime de pessoas como Sócrates é que eram pessoas imensamente felizes, e sua felicidade criou muita inveja nas grandes massas que estavam vivendo na infelicidade. As massas não podiam tolerar pessoas tão felizes. Elas têm de ser destruídas, porque provocam dentro de você uma possibilidade de revolta, e você tem medo dessa revolta. Uma vez que um homem se apaixona pela rebelião, está no caminho certo.

Uma antiga história russa: as pessoas de Chelm eram terrivelmente preocupadas; elas até mesmo se preocupavam com quanto se preocupavam. Por isso, o prefeito e o rabino escolheram Ira, o fabricante de velas, para se preocupar com toda a preocupação das pessoas de Chelm. E para fazer isso ele ganharia quatro rublos por semana. O esquema não funcionou porque Ira foi para casa e disse a Ruth: "Maravilha, vou ganhar quatro rublos por semana; não temos mais com que nos preocupar!". Naturalmente, ele perdeu seu emprego, pois a razão pela qual iria receber quatro rublos por semana era para que pudesse se preocupar pela cidade toda. Mas ele esqueceu completamente, pela alegria de ter quatro rublos por semana a troco de nada. Naturalmente disse: "Agora não há nada com que se preocupar". Foi assim que ele perdeu o emprego!

Paddy estava se sentindo indisposto, por isso foi ver seu médico: "Não consigo encontrar nenhuma causa para a sua doença", disse o médico. "Francamente, eu acho que é devido à bebida." "Nesse caso", responde Paddy, levantando-se para sair, "voltarei quando você estiver sóbrio!"

"Tudo bem", disse o psiquiatra, "diga-me por que você odeia tanto a sua irmã." "Mas eu não tenho irmã", disse Hymie Goldberg. "Olha aqui", afirmou o psiquiatra, "se você quiser que eu o ajude, terá de cooperar! Você não pode dizer que não tem irmã!"

Seu psicanalista não pode começar se você não tiver uma irmã! E, certamente, a sua cooperação é necessária. Esse é o mundo e não pode ser pior.

The Invitation, sessão 11

16 – A única liturgia: amor pela vida

Qual é o objetivo da vida?

A vida não tem outro objetivo a não ser ela mesma, porque vida é um outro nome para Deus. Tudo o mais no mundo pode ter um objetivo, pode ser um meio para um fim; mas pelo menos uma coisa você tem de deixar como o fim de tudo, mas o meio de nada.

Você pode chamá-lo de existência.

Você pode chamá-lo de Deus.

Você pode chamá-lo de vida.

Esses são nomes diferentes de uma única realidade.

Deus é o nome dado à vida pelos teólogos, e há um perigo nisso, porque pode ser refutado, pode ser discutido. Quase metade da Terra não acredita em nenhum Deus. Não apenas os comunistas, mas os budistas, os jainas, e há milhares de pensadores que são ateus. O nome "Deus" não é defensável porque foi dado pelo homem, e não há nenhuma evidência, nenhuma prova, nenhum argumento para ele. Permanece uma palavra mais ou menos vazia. Significa qualquer coisa que você queira que ela signifique.

"Existência" é melhor. Todos os grandes pensadores deste século são existencialistas. Eles abandonaram completamente a palavra Deus. A existência em si é suficiente para eles. Mas para mim, assim como Deus é um extremo, a existência é um outro extremo, porque na palavra existência não há nenhuma indicação de que ela possa estar viva; ela pode estar morta. Não há nenhuma indicação de que seja inteligente; pode ser que não haja inteligência alguma. Não há nenhuma indicação de que ela seja consciente; pode ser que não tenha consciência alguma.

Por isso, a minha escolha é "vida". Vida contém tudo o que é necessário; além disso, ela não precisa de nenhuma prova. Você é vida. Você é a prova. Você é o argumento. Você não pode negar a vida. Por isso em toda a história do homem não houve um único pensador que tenha negado a vida. Milhões de pessoas têm negado Deus, mas como você pode negar a vida? Ela está batendo em seu coração, está na sua respiração, está se mostrando em seus olhos. Ela está se expressando no seu amor. Está celebrando de mil e uma maneiras, nas árvores, nos pássaros, nas montanhas, nos rios.

Vida é o objetivo de tudo. Por isso, a vida não pode ter outro objetivo a não ser ela mesma. Para dizer isso em outras palavras: o objetivo da vida é intrínseco. Ela o tem dentro de si mesma para crescer, para expandir, para celebrar, para dançar, para amar, para curtir. Esses são os aspectos da vida.

Mas, até agora, nenhuma religião aceitou a vida como o objetivo de todos os nossos esforços, de todos os nossos empenhos. Pelo contrário, as religiões têm negado a vida e apoiado um Deus hipotético. Mas a vida é tão real que milhares de anos de todas as religiões não foram nem ao menos capazes de obter algum progresso, embora todas tenham sido contra a vida. O Deus delas não era o centro mais profundo da vida. O Deus delas só seria encontrado na renúncia à vida. Isso foi uma grande calamidade pela qual a humanidade passou. A própria idéia de renunciar à vida significa respeitar a morte.

Todas as religiões veneram a morte. Não é uma coincidência que as pessoas venerem apenas os santos mortos. Quando eles estão vivos, elas os crucificam. Quando estão vivos, elas os apedrejam até a morte. Quando estão vivos, elas os envenenam, e, quando estão mortos, elas os veneram. Uma súbita mudança acontece e toda a atitude delas muda.

Ninguém examinou profundamente a psicologia dessa mudança. Vale a pena contemplar: por que os santos mortos são venerados e os vivos, condenados? Porque os santos mortos preenchem todas as condições do ser religioso: eles não riem, não desfrutam, não amam, não dançam, não têm nenhum tipo de relacionamento com a existência. Eles realmente renunciaram à vida em sua totalidade: eles não respiram, seu coração não bate mais. Agora eles são perfeitamente religiosos! Não podem cometer nenhum pecado. Uma coisa é certa: você pode depender deles, pode confiar neles.

Um santo vivo não é tão confiável. Amanhã ele pode mudar de idéia. Os santos tornaram-se pecadores, os pecadores tornaram-se santos; assim, até que eles estejam mortos, nada pode ser dito sobre eles com absoluta certeza. E você não vê a estupidez disso tudo, que o vivo está venerando o morto, o presente está venerando o passado. A vida está sendo forçada a venerar a morte. É por causa dessas religiões antivida que a questão surge várias vezes: qual é o objetivo da vida?

De acordo com as religiões, o objetivo da vida é renunciar a ela, destruí-la, torturar-se em nome de algum Deus mitológico, hipotético. Os animais não têm nenhuma religião exceto a vida. As árvores não têm nenhuma religião exceto a vida. As estrelas não têm nenhuma religião exceto a vida. Com exceção do homem, toda a existência confia apenas na vida; não há nenhum outro Deus e nenhum outro templo. Não há nenhuma escritura sagrada. A vida é tudo em tudo. Ela é o Deus, o templo e a escritura sagrada, e vivê-la total e autenticamente é a única religião.

Não há nenhum outro objetivo a não ser viver com tal plenitude, e cada momento se torna uma celebração. A própria idéia de objetivo traz o futuro para a mente, porque qualquer objetivo, qualquer fim, qualquer meta, precisa de futuro. Todas as suas metas o privam do presente, que é a única realidade que você tem. O futuro é apenas a sua imaginação, e o passado são apenas pegadas deixadas nas areias da sua memória. Nem o passado é real mais, nem o futuro é real ainda.

Este momento é a única realidade.

Viva este momento sem nenhuma inibição, sem repressão, sem nenhuma ansiedade pelo futuro, sem nenhum medo, sem repetir o passado outra e outra vez. Mas esteja absolutamente novo a cada momento, fresco e jovem, desobstruído pelas memórias, desimpedido pela imaginação; você tem tanta pureza, tanta inocência, que só a essa inocência eu chamo de divindade.

Para mim, Deus não é alguém que criou o mundo. Deus é alguém que você cria quando vive totalmente, intensamente, com todo o seu coração, sem reter nada. Quando a sua vida se torna simplesmente uma alegria, momento a momento, uma dança, momento a momento, quando a sua vida não é nada mais que um festival de luzes... cada momento é tão precioso porque, uma vez que ele vá embora, irá embora para sempre.

Viver por qualquer objetivo simplesmente significa que você não está vivendo no presente. Viver por qualquer céu é simplesmente avareza. E você está perdendo o presente, está sacrificando o real que está em suas mãos aos pés de um céu imaginário do qual nenhuma prova existe.

O objetivo da vida é a vida em si: mais vida, vida mais profunda, vida mais elevada, mas sempre vida. Não há nada mais elevado que a vida. E uma reverência pela vida é um corolário. Se o objetivo da vida é a vida, a reverência pela vida se torna a sua religião. Por isso, respeite a vida de outras pessoas, não interfira na vida de ninguém. Não tente forçar alguém a seguir determinado caminho que você acha que é certo. Você pode segui-lo, é a sua liberdade, mas nunca o imponha a ninguém mais.

O mundo não precisa de nenhuma religião organizada. O mundo certamente precisa de pessoas religiosas – nem hindus, nem muçulmanos, nem cristãos –, o mundo simplesmente precisa de indivíduos que busquem uma vida mais profunda e mais rica, e não um Deus, não um paraíso, não um céu. E quando a vida se torna infinitamente profunda, ela é o paraíso. Você entra no reino de Deus. E as portas estão dentro do seu próprio coração. Mas as pessoas estão cegas, e a tradição as tem tornado cada vez mais cegas. A tradição respeita as pessoas cegas, as pessoas que não pensam, respeita as pessoas que nunca duvidam. Ela respeita as pessoas que não são céticas; ela quer que as pessoas sejam simplesmente máquinas obedientes. Talvez as máquinas sejam, de acordo com a mente tradicional, as pessoas mais religiosas do mundo, porque elas nunca desobedecem.

A meu ver, um homem que não é rebelde não pode ser religioso: rebelde contra o passado, rebelde contra as religiões organizadas, rebelde contra todas essas pessoas que querem dominar você, que encontraram maneiras sutis de dominá-lo: "A nossa religião é a mais antiga!" E daí? Isso significa que a sua religião é a mais podre! Mas elas estão tentando torná-la "a mais antiga" para que você sinta um deslumbramento. Se durante 10 mil anos ninguém desobedeceu, deve haver alguma verdade nela.

Toda religião usa o argumento de que é muito velha, muito antiga. As religiões que não são velhas naturalmente têm de tentar o argumento oposto. O siquismo, por exemplo, que tem apenas 500 anos, ou o islamismo, que tem apenas 1.400 anos: seu argumento é que as religiões mais velhas são versões mais velhas da mensagem de Deus ao homem: "Nós estamos trazendo a mais recente mensagem de Deus ao homem".

Hazrat Maomé disse: "Houve outros mensageiros antes, mas depois de mim não haverá outro mensageiro, porque eu trouxe a versão final da mensagem". Por isso, ele pode dizer que só há um Deus e um livro sagrado, o *Alcorão*, e um mensageiro sagrado, Maomé. "Depois de mim, qualquer pessoa que alegue ter uma comunicação direta com Deus está cometendo o maior pecado possível."

Todas essas religiões têm feito a mesma coisa: elas fecharam as portas por medo de que alguém possa vir depois e mudar as estruturas, suas disciplinas. E certamente elas precisam de mudanças constantes, porque os tempos continuam mudando. Se Mahavira viesse hoje, ele mesmo veria que tudo mudou.

A vida não é um fenômeno estático. É um fluxo, um fluxo como o rio; precisa de constante mudança. Ela precisa de consciência a cada momento;

caso contrário, você será deixado para trás. Não ser deixado para trás é um dos passos mais importantes para o crescimento da inteligência. O mundo todo está quase retardado, e as pessoas responsáveis pelo seu retardamento são as pessoas que você venera. Elas pararam milhares de anos atrás e você ainda as está seguindo. Nesse ínterim, tudo mudou.

Voltando para casa mais cedo do trabalho, um homem encontrou sua esposa nua na cama, respirando profundamente, e visivelmente aflita. "Qual é o problema, querida?", ele pergunta. "Eu... eu... eu não sei", ela murmura. "Acho que talvez esteja tendo um ataque do coração." O marido se apavorou e correu para baixo para chamar o médico. Ele estava discando o número quando sua filha entrou correndo e gritou: "Papai, papai, há um homem nu no guarda-roupa!". O marido, perturbado, largou o telefone, subiu as escadas correndo, abriu a porta do guarda-roupa e encontrou seu melhor amigo ali dentro. "Pelo amor de Deus, Ed", o homem gritou, "minha esposa está no quarto tendo um ataque do coração e você se movendo sorrateiramente, pelado, por aí, assustando as crianças!" Só restam pessoas retardadas no mundo.

No começo da Segunda Guerra Mundial, um oficial nazista foi forçado a dividir um compartimento num trem lotado com um judeu e sua família. Depois de ignorá-los por um tempo, ele disse desdenhosamente: "Supõe-se que vocês judeus sejam muito espertos: de onde vem essa suposta inteligência?". "Ela vem da nossa dieta", disse o judeu. "Nós comemos muitas cabeças de peixe cru." Ao que ele abriu sua cesta, dizendo: "Hora do almoço!", e começou a dar cabeças de peixe à esposa e aos filhos. O nazista, ficando entusiasmado, disse: "Espere um pouco, eu também quero algumas!" "Tudo bem", disse o judeu, "eu lhe venderei seis por 25 dólares." O nazista aceitou e começou a mastigar. Quase vomitou, mas as crianças gritaram, para encorajá-lo: "Chupe o cérebro, chupe o cérebro!". O nazista estava na quarta cabeça, quando disse ao judeu: "Vinte e cinco dólares não é muito dinheiro por seis cabeças de peixe que normalmente são jogadas fora como lixo?". "Você vê?", disse o judeu, "já está funcionando!"

The Hidden Splendor, sessão 26

17 – O clima de meditação: a flor do amor

O que significa amar a si mesmo?

Uma pessoa tem de começar não amando a si mesma... porque você não sabe quem você é. Quem você vai amar? Se começar a amar a si mesmo, você amará apenas o seu ego, que não é o seu eu, que é a sua personalidade falsa. E quase todos amam sua personalidade, todos amam seu ego. Mesmo a mulher mais feia, se você lhe disser: "Como você é linda", não se recusará a aceitar isso.

Ouvi contar: dois velhos se encontraram numa esquina. "Onde você esteve nestes dois últimos meses?" "Na prisão", responde o segundo homem. "Na prisão? Como é possível?", diz o primeiro homem. O segundo responde: "Bem, há dois meses eu estava parado numa esquina e uma linda garota apareceu correndo com um policial e disse: 'Ele é o homem, oficial. Foi ele que me atacou'. E você sabe, eu me senti tão lisonjeado que admiti isso".

Quantas coisas você tem admitido que sabe perfeitamente bem não serem verdadeiras? As pessoas dizem que você é tão amoroso, tão sincero, tão verdadeiro, tão lindo, tão honesto, e você nunca nega isso. Esse não é o amor sobre o qual tenho falado.

Sim, eu gostaria de que você amasse a si mesmo, porque, a menos que ame a si mesmo, não pode amar ninguém mais. Você não sabe o que é amor se não amar a si mesmo. Mas antes que possa amar a si mesmo, você tem de conhecer a si mesmo. Por isso amar é secundário; a meditação é principal. E o milagre é que, se você meditar e lentamente sair do seu ego, sair da sua personalidade e conhecer o seu eu verdadeiro, o amor virá por si mesmo. Você não tem de fazer nada, é um florescimento espontâneo. Mas ele floresce apenas num certo clima, e esse clima eu chamo de meditação. No clima do silêncio, da não-mente, de nenhuma perturbação interior, de absoluta clareza, paz e silêncio, de repente você verá que milhares de flores se abriram dentro de você. E a fragrância delas é amor.

Naturalmente, primeiro você amará a si mesmo, porque esse será o seu primeiro encontro. Primeiro ficará consciente da fragrância que está surgindo em você e da luz que nasceu em você e da bênção que está banhando você. Então amar se tornará a sua natureza. Você amará muitos, você amará todos. Na verdade, o que conhecemos em nossa ignorância é um relacionamento, e o que conhecemos em nossa consciência não é mais um relacionamento. Não é que eu ame você; é que eu sou amor. Você tem de entender a diferença. Quando você diz "eu amo você", e os outros? E a existência toda? Quanto mais estreito for o seu amor, mais pressionado será. Suas asas são cortadas; não pode voar no céu em direção ao sol; não tem liberdade; quase está numa gaiola dourada. A gaiola é linda, mas dentro da gaiola o pássaro não é o mesmo que você vê no céu abrindo as asas.

O amor tem de se tornar não um relacionamento, não um estreitamento, mas um alargamento. O amor tem de se tornar sua própria qualidade, seu próprio caráter, seu próprio ser, sua radiância. Assim como o Sol não irradia luz para alguém em especial sem endereço, a meditação irradia amor sem endereço. Obviamente, primeiro ele é sentido dentro de você mesmo, para você mesmo, e então começa a irradiar por todos os lados. Então você não só ama os seres humanos; você ama as árvores, ama os pássaros, você simplesmente ama; você é amor.

Você está perguntando: "O que significa amar a si mesmo?"

Significa meditação. Significa ser você mesmo, e a natureza trará o amor como recompensa. Simplesmente não escute os sacerdotes. Eles são os inimigos do amor. Ensinaram o mundo a odiar a si mesmo e a odiar o mundo; eles ensinaram que é pecado você ter nascido por causa de seus maus atos na vida passada, e é por isso que você está sofrendo nesta.

Mas nenhuma religião aceita esta vida com alegria e regozijo, como um presente, como uma recompensa da qual você não é merecedor, da qual não reivindica nenhum direito, e não a mereceu. Assim, a primeira coisa a fazer é evitar os sacerdotes. Eles lhe ensinaram valores negativos no que diz respeito à vida, e o meu esforço aqui é trazer de volta a afirmação da vida. Isso é o que considero amar a si mesmo: não se aceitar como pecador. Como você pode se aceitar achando que é pecador? Como pode se amar achando que está cheio de culpa, que não é nada mais que um passado acumulado de maus atos de milhões de vidas? Você se odiará. E isso é o que os sacerdotes têm tentado:

renuncie à vida, odeie a vida, odeie o prazer, odeie tudo e sacrifique tudo se quiser entrar no paraíso. Ninguém jamais retornou do paraíso, assim não há nenhuma evidência de qualquer paraíso em lugar algum, nenhuma prova; é apenas um exercício fútil que nunca pode chegar a uma conclusão.

Um velho sacerdote estava prevenindo sua congregação sobre o pecado. "Pecado", disse ele, "é como um grande cão. Há o grande cão do orgulho, o grande cão da inveja, da avareza, e finalmente há o do sexo. E vocês têm de matar esses grandes cães antes que eles os matem e os impeçam de entrar no céu. Isso pode ser feito, eu sei, porque tenho feito isso ao longo dos anos. Matei o grande cão da inveja, o grande cão do orgulho, o grande cão da avareza, e sim, meus filhos, eu matei o grande cão do sexo." "Pai", veio uma voz do fundo da igreja, "você tem certeza de que esse último cão não teve uma morte natural?"

Você não pode mudar a natureza. Se puder viver naturalmente, as transformações virão. Se elas virão, então o sexo desaparecerá, mas não pelos seus esforços. Pelos seus esforços ele ficará pairando ao seu redor. Quanto mais você o reprime, mais o tem. Quanto mais você o vive, maior é a possibilidade de ir além dele.

Um casal de velhos estava sentado em casa, uma noite, escutando o pregador da fé no rádio. "Tudo bem", ele começa, "Deus quer curar todos vocês. Tudo o que vocês têm a fazer é colocar uma das mãos sobre o rádio e a outra sobre a parte que está doente." O velho levantou-se, arrastou-se até o rádio e colocou a mão no seu quadril artrítico. Então o velho colocou a mão sobre o rádio e a outra mão sobre o pênis. Sua esposa olhou para ele com desprezo e disse: "Velho idiota. O homem falou que curaria o doente, não que levantaria o morto!"

Viva naturalmente, viva em paz, viva interiormente. Simplesmente dê um tempo a si mesmo, ficando sozinho, estando silencioso, apenas observando a cena interior da sua mente. Pouco a pouco os pensamentos desaparecerão. Lentamente, um dia a mente estará tão quieta, tão silenciosa, como se não estivesse aí. Apenas silêncio... nesse momento você não estará aqui. Nesse silêncio interior, você encontrará uma nova dimensão de vida. Nessa dimensão, a avareza não existe, o sexo não existe, a raiva não existe, a violência não existe. Não é um crédito para você; é a nova dimensão, além da mente, na qual o amor existe puro, não poluído por nenhum ímpeto biológico, na qual a compaixão existe sem nenhuma outra razão, e não para obter uma recompensa no céu, porque a compaixão já é uma recompensa em si. E existe um profundo desejo de compartilhar todo esse tesouro que você descobriu dentro de si e de gritar de cima do telhado para as pessoas: "Vocês não são pobres, o paraíso está dentro de vocês! Vocês não precisam ser mendigos, vocês nasceram imperadores, têm apenas de descobrir o seu império".

O seu império não é do mundo exterior; o seu império é da sua própria interioridade. Ele está dentro de você e sempre esteve aí, simplesmente esperando que você venha para casa. O amor virá, e virá em abundância, tanto que você não poderá contê-lo. Você verá que ele está transbordando de você, atingindo todas as direções. Simplesmente descubra o seu esplendor oculto. A vida pode ser simplesmente uma canção, uma canção de alegria. A vida pode ser simplesmente uma dança, uma celebração, uma celebração contínua. Tudo o que você tem de aprender é um estilo de vida que valorize a vida.

Eu considero religioso apenas aquele homem que afirma a vida. Todos aqueles que negam a vida podem pensar que são religiosos, mas não são. A tristeza deles mostra que eles não são. Um homem de religião autêntica terá senso de humor. É o nosso universo, é a nossa casa. Nós não somos órfãos; esta terra é a nossa mãe, este céu é o nosso pai. Todo este vasto universo é para nós, e nós somos para ele. Na verdade, não há nenhuma divisão entre nós e o todo. Nós estamos organicamente ligados nele, somos parte de uma orquestra.

Sentir essa música da existência é a única religião que eu posso aceitar como autêntica, como válida. Ela não tem nenhuma escritura, não precisa ter; não tem nenhuma estátua de Deus, porque não acredita em nenhuma hipótese; não tem nada para venerar, tem apenas que haver silêncio, e, por meio desse silêncio, surge a gratidão, a oração, e toda a existência se transforma em divindade.

Não há nenhum Deus como uma pessoa. Deus está em todos os lugares: nas árvores, nos pássaros, nos animais, na humanidade, no sábio, no outro. Tudo o que está vivo não é nada mais que divindade, pronta para abrir suas asas, pronta para voar para a liberdade, a liberdade suprema da consciência.

Sim, você amará a si mesmo e a toda a existência também.

The Invitation, sessão 30

18 – Riso: um vislumbre de Deus

Amo ouvir você rindo, amo as suas piadas, amo você. Amado mestre, você poderia nos falar sobre o riso?

Quando você está com fome, não quer que ninguém fale sobre comida. Quando está se afogando num rio, não quer que falem sobre a arte de nadar. Há momentos certos e situações certas, e há coisas sobre as quais se pode falar, e todavia são mal interpretadas. O riso é um mistério; é melhor experimentá-lo do que ouvir falar sobre ele. Mas a pessoa fica curiosa: o que é o riso? Riso é o fator mais inteligente em você. Os bois não riem, e se você encontrar um boi rindo ficará louco! Então será impossível trazê-lo à sanidade. Nenhum animal ri. O riso precisa de uma inteligência muito sensível; significa que você pode entender o ridículo de certa situação.

O que são as piadas? Elas são um arranjo muito inteligente. Elas o levam logicamente, racionalmente, a uma direção, e você começa a esperar que então algo aconteça, vá acontecer. Ela continua acontecendo de acordo com as suas expectativas, e então vem uma virada repentina e acontece algo que você nunca poderia ter imaginado. Isso provoca o riso em você. É um processo muito interno da sua expectativa racional. Se o que você estava esperando acontece, não haverá nenhum riso. Mas se você vê algo que não poderia ter imaginado, tudo ia bem até o fim e então, de repente, algo diferente acontece, você imediatamente se esquece de toda a sua razão lógica e ri.

O riso é a única experiência comum em que você não é mais mente, e eu faço uso dele para lhe dar vislumbres de não-mente, de meditação, de uma transcendência da mente. Talvez eu seja o primeiro homem em toda a história da humanidade que tem usado piadas como uma preparação para a meditação. Jesus não ria, Buda não ria, não se ouve dizer que Lao-tsé tenha rido alguma vez. Eles eram pessoas sérias e estavam fazendo trabalhos sérios.

Rabinovich senta-se num café e pede uma xícara de chá e um exemplar do *Pravda.* "Trarei o chá", diz o garçom, "mas não posso trazer-lhe um exemplar do *Pravda.* O regime soviético foi derrubado e o *Pravda* não é mais publicado". *Pravda* é o porta-voz do Partido Comunista da União Soviética. "Tudo bem", diz Rabinovich, "traga-me apenas o chá." No dia seguinte, Rabinovich vai ao mesmo café e pede um chá e um exemplar do *Pravda.* O garçom lhe dá a mesma resposta. No terceiro dia, Rabinovich novamente pede chá e um exemplar do *Pravda*, e dessa vez o garçom lhe diz: "Olhe aqui senhor, você parece ser um homem inteligente. Nesses três últimos dias você pediu um exemplar do *Pravda*, e essa é a terceira vez que tenho de lhe dizer que o regime soviético foi derrubado e o *Pravda* não é mais publicado". "Eu sei, eu sei", diz Rabinovich, "mas simplesmente gosto de ouvir isso."

Dois judeus estavam sentados num café discutindo o destino de seu povo. "Como é miserável nossa condição", disse um deles. "Massacres, pragas, cotas, discriminação e Adolf Hitler... às vezes acho que estaríamos melhores se nunca houvéssemos nascido." "Certamente", diz seu amigo. "Mas quem tem tanta sorte: talvez um entre 50 mil?" Tente compreendê-la.

Isso aconteceu na festa de Natal no escritório. Quando eles se deitaram no sofá da recepção do escritório na sala escura, suas respirações se tornaram quentes e rápidas. "Oh, Melvin, oh, Melvin", ela disse apaixonadamente, "você nunca fez amor comigo desse jeito. É por causa do espírito natalino?" "Não", ele diz ofegante, "provavelmente é porque eu não sou Melvin!"

É possível, quando você dá uma risada autêntica, que a mente pare, porque a mente não pode rir. Ela é estruturada seriamente; sua função é ser séria, infeliz, doente. No momento em que você ri, não vem da sua mente, vem do além, do seu próprio espírito interior. A meu ver, todas as religiões perderam uma das dimensões de grande importância; essa é a direção do senso de humor. Elas tornaram o mundo todo sério.

Quero que o meu povo encha o mundo com riso, alegria, canções e danças. Nós não estamos procurando nenhum paraíso; estamos procurando criar o paraíso aqui e agora, porque não estamos interessados em coisas após a morte. Se pudermos criar um paraíso aqui e agora, certamente seremos capazes, mesmo se nos encontrarmos no inferno, de criar lá um paraíso.

Todo o meu povo é condenado por todas as religiões; assim, eu espero que nós alcancemos o inferno. Mas eles devem ser prevenidos: não mandem o meu povo para o inferno, porque eles transformarão o inferno num paraíso muito melhor do que o que vocês têm com seus santos velhos, sujos e secos, que nem ao menos conseguem servir.

Confio totalmente que, quando 1 milhão de *sannyasins* entrarem no inferno com seus violões, canções, danças e piadas, toda a qualidade e toda a atmosfera do inferno serão mudadas. Acho que até mesmo o demônio se unirá a eles e se tornará *sannyasin*, Swami Anand Demônio!

The Invitation, sessão 27

19 – Abandone as correntes!

Essa pode ser a questão mais importante, mais fundamental de toda a minha vida. Meu desejo pela liberdade é tão profundo, tão forte, maior que qualquer outra coisa que eu conheça. Na verdade, toda a minha energia vital é dirigida para esse assunto. Mas, de alguma forma, eu não estou seguro disso. Tenho de fazer alguma coisa pela liberdade? O meu desejo pela liberdade é apenas um jogo da mente? Por favor, amado Osho, diga-me o que é liberdade.

Certamente é a pergunta mais importante e mais fundamental que uma pessoa pode fazer. Tenho falado continuamente sobre liberdade, de todos os ângulos possíveis, com todas as implicações possíveis, mas parece que as pessoas estão me ouvindo mas não estão me escutando. Elas estão dizendo: "Meu desejo pela liberdade é tão profundo, tão forte, maior que qualquer outra coisa que eu conheça", e eu tenho falado que há coisas que elas não podem desejar, das quais não podem fazer um objeto do seu desejo.

Liberdade é a sua natureza intrínseca. É a sua própria natureza; você não tem de alcançá-la. Você não tem de fazer nenhum esforço por ela. Você nem mesmo precisa desejar ou ansiar por ela; ela já está aí.

Você nasce livre, mas está vivendo com correntes. Aceitou essas correntes, e aceitou-as de boa vontade, muito alegremente, porque elas são feitas de ouro. Essas correntes são feitas de poder, prestígio, respeitabilidade; elas estão cobertas com flores lindas. Assim, você não apenas as aceitou, mas continua desejando-as cada vez mais porque acha que elas são ornamentos. Você acha que elas são o próprio objetivo da sua vida, o próprio significado e significância. Esse é o problema.

Liberdade não é um problema, de modo que você tenha de alcançá-la; o problema é como livrar-se das correntes. E a primeira coisa que você tem de fazer é reconhecer as correntes como correntes, não como ornamentos; uma prisão como uma prisão, não como um lar; um casamento como um cativeiro, e não como amor. E há mil e uma correntes ao seu redor. Você as está arrastando. Sua vida se tornou um estorvo, um peso, como se de alguma forma estivesse esperando chegar ao cemitério. Cada momento parece ser tão longo, e você quer alívio e descanso. Parece que neste mundo você só pode encontrar alívio e descanso no túmulo. Em qualquer outro lugar, você se encontrará outra vez nas correntes, na prisão. Os nomes serão diferentes, a aparência das correntes pode ser diferente, as formas podem ser diferentes, quase opostas às que você costumava ter... Um cristão torna-se hindu, um hindu torna-se cristão; eles apenas trocam de prisões, nada muda, não há nenhuma transformação no ser e nenhuma liberdade na alma. Eles apenas trocaram as correntes velhas por novas.

E, lembre-se: as correntes novas são mais perigosas que as velhas, porque as velhas podem ser quebradas mais facilmente que as novas. As novas são mais sofisticadas, mais perfeitas tecnologicamente. As velhas não eram tão perfeitas, elas tinham escapes; você poderia ter escapado delas facilmente. Mas as novas... os carcereiros, que são os seus parasitas, fecharam todas as possibilidades, todas as janelas, todas as portas. Mesmo as pequenas fendas pelas quais você pode ver o céu aberto... tudo parece estar absolutamente fechado. E você continua sofrendo.

É tão estranho pensar que um homem que nasce para celebrar vive apenas para sofrer. Até mesmo as árvores estão mais felizes, os animais selvagens estão mais abençoados, os pássaros no céu estão mais em êxtase. Só o homem continua arrastando suas correntes pesadas, e a cada dia a carga vai ficando mais e mais pesada.

Liberdade não é o problema, de modo nenhum! Não pergunte como alcançar liberdade; isso lhe dará uma direção errada. Você começará a pensar que esforços fazer pela liberdade. Você está perguntando pela direção errada. Pergunte como perdemos nossa liberdade.Você nasceu livre. Então, como se tornou escravo? Você nasceu simplesmente como um ser humano. Então, como se tornou um muçulmano, um hindu ou um cristão?

Um dos romancistas mais importantes dos Estados Unidos me fez uma pergunta: “Osho, o que você acha do conflito entre os judeus e os árabes no Oriente Médio? Qual é a solução, e quais são as implicações para o futuro?”. Tive de lhe escrever dizendo: “Antes que eu possa responder à sua pergunta especificamente, gostaria de lhe dar a minha visão geral de toda a situação humana, porque o que está acontecendo em Israel entre os judeus e os árabes não é nada novo. Isso está acontecendo no mundo todo, com nomes diferentes, entre hindus e muçulmanos, entre cristãos e judeus; apenas os nomes são diferentes, mas é a mesma violência, o mesmo assassinato, o mesmo sofrimento. E as pessoas se agarram ao seu sofrimento". Assim, eu comentei alguns pontos significativos. Enquanto houver um Deus, o homem não pode estar em paz. Deus é que está dividindo o homem. Ele é o inimigo supremo da humanidade; de outra forma, qual é a diferença entre um hindu e um muçulmano, entre um cristão e um judeu? Apenas a sua idéia de Deus. E essa idéia nada mais é que uma idéia, apenas uma hipótese vazia. Não há nenhum Deus em lugar nenhum, não há nenhuma evidência em lugar nenhum, não há nenhuma prova. E, se alguém disser que viu Deus, ele é simplesmente um homem louco. Ele está iludido, está tendo alucinações e precisa de tratamento psiquiátrico. Se tivéssemos tratado os nossos santos pela psiquiatria, a humanidade estaria num estado pacífico.

Agora Deus é a sua maior corrente. Você está pronto para jogá-la fora? As suas escrituras sagradas estão dividindo você, porque toda escritura exige ser a única escritura sagrada. Isso necessariamente cria um conflito, uma grande competição. Os hindus não podem acreditar que a *Bíblia* seja sagrada. Os *Vedas* são sagrados porque são as escrituras mais antigas do mundo; o próprio Deus os escreveu. É tão estúpido falar dessa maneira.

Conversei com alguns eruditos hindus e perguntei-lhes: "Vocês já pensaram sobre os seus *Vedas*, que vocês alegam que Deus escreveu? Simplesmente olhem para o fato; o próprio fato diz que não pode ter sido escrito por Deus; há uma impossibilidade intrínseca". Fiquei surpreso. Um grande erudito como Omkarnath Maharaj, que é considerado a autoridade nos *Vedas*, ficou chocado com a minha pergunta. Disse: "Eu nunca pensei sobre isso". Continuei: "Você é a maior autoridade. Abra os *Vedas* em qualquer parte, em qualquer página –, eu não insisto numa determinada página –, abra ao acaso e leia o conteúdo. O conteúdo lhe dará a prova de que não pode ter sido escrito por Deus". Ele tinha ao seu lado uma cópia do *Rigveda*. Abriu-o ao acaso e o conteúdo deixou-o chocado... O conteúdo era: "Um brâmane está orando a Deus". Como Deus pode ter escrito isso? "Um brâmane está orando a Deus, dizendo: eu oro tanto, mas você não escuta; há um limite para a paciência. Este ano você tem de provar: simplesmente deixe as suas nuvens choverem na minha terra e não na terra dos meus inimigos". Esse tipo de lixo foi escrito por Deus? É intrinsecamente uma prova absoluta de que algum brâmane estúpido o escreveu. Mas, mesmo depois disso, ele continuou, e após dois anos eu o vi outra vez e perguntei: "Você não parou?". Ele disse: "Encontrar você... faz-me sentir um medo muito profundo". "Por que você deveria ter medo? Só porque tem orado alguma besteira?", falei.

A *Bíblia* está cheia de pornografia, 500 páginas de pornografia. E, quando eu disse isso, dez associações cristãs imediatamente forçaram o juiz de Kampur a emitir uma ordem de prisão inafiançável contra mim. Tenho o meu povo para lutar em todos os lugares. Eles imediatamente requereram um mandado de suspensão da corte suprema de Allahabad, que dizia: "É absolutamente absurdo. O juiz deveria ver primeiro a *Bíblia*... e estou pronto a fornecer as exatas 500 páginas que são pornográficas".

Mas é estranho. Ambos, cristãos e judeus, continuam chamando o Velho Testamento de escritura sagrada, escrito por Deus. Parece que Deus é apenas um escritor pornográfico, sentado no quadro dos editores da *Playboy*... Esses são os problemas. Todo profeta, todo messias, todo avatar, todo *tirthankara* está alegando que só ele é certo. Se você pensa que apenas as pessoas comuns estão competindo entre si, isso não é verdade. Os seus assim chamados grandes homens são tão vis em suas competições que você não pode acreditar. Se você olhar sem preconceito, não poderá acreditar. Por que há tantas guerras? Por que há tanta loucura? Por que há tanta insanidade? Mesmo as grandes sumidades, os seus filhos mais notáveis, comportam-se como crianças. Jesus continua declarando que é o filho único de Deus. Naturalmente, ele não pode aceitar Gautama Buda ou Confúcio ou Lao-tsé ou Bashô ou Bodhidharma nem mesmo como primos. A família é muito fechada e muito estranha. Não há nenhuma mulher na família. E, na verdade, a mulher é o próprio centro de uma família. Sem uma mulher você pode ter uma casa, mas não um lar.

Uma estranha companhia... Deus, o pai, Jesus Cristo, o filho, e um cara estranho, ninguém sabe quem ele é, se é macho ou fêmea, o Espírito Santo. Essas três pessoas ficam dominando o mundo todo. Essa é a trindade. Há séculos, cristãos inteligentes têm pedido: "Pelo menos dê um lugar a uma mulher". Mas a mente masculina é tal que não permitirá isso. Até mesmo a mãe de Jesus não é permitida na família sagrada. Uma mulher não pode ser aceita em posição elevada na escala de hierarquia. Os cristãos não podem aceitar Mahavira ou Buda como pessoas de verdadeira importância religiosa. Esses são os problemas que têm dominado a humanidade há séculos.

Especialmente em Israel, o problema tornou-se uma questão muito importante, porque todo o Oriente Médio é muçulmano. Mas o islamismo tem apenas 1.400 anos; o judaísmo tem, no mínimo, 4 mil anos, o cristianismo tem 2 mil anos. Assim, antes de Maomé nascer, os judeus já haviam entrado no mundo árabe e tinham suas próprias colônias. Então chegaram os cristãos e começaram a fazer as suas próprias colônias. E o problema é uma rocha especial. Diz-se que é a peça central do grande templo judaico de Salomão, que foi destruído há muito tempo por elementos anti-semitas. Só a rocha permanece, que era a peça central; ela é chamada de "Rocha da Cúpula". Então os judeus alegam que ali é o lugar sagrado deles, porque é o local de seu grande templo, e os cristãos alegam que esse lugar é o lugar onde Jesus foi crucificado, por isso é o lugar sagrado deles, não dos judeus, mas dos cristãos. E então vem um outro competidor, e de uma maneira muito estranha...

Seiscentos anos depois de Jesus, Maomé estabeleceu uma nova religião, porque os árabes não tinham nenhuma religião própria. Eles eram uma raça nômade, eram andarilhos; não tinham nenhuma religião organizada. Maomé juntou esses árabes sob o nome de islamismo. Ele próprio era árabe, e naturalmente tinha grande influência. Durante toda a sua vida esteve lutando, guerras e guerras, nem um único dia de descanso, e em sua espada estava sua mensagem: "Minha mensagem é paz". Isso estava escrito em sua espada!

O escritor George Bernard Shaw não está errado: "Este mundo parece ser dominado por lunáticos de todos os tipos". A paz era a mensagem de Maomé, e ele certamente acreditava que a paz era a sua mensagem, mas ela tinha de seguir suas condições: se o mundo todo se tornar muçulmano, haverá paz. Mas como é possível? Ele deu à sua religião o nome de islã, e islã significa simplesmente paz. Mas um estranho tipo de paz... O profeta da paz lutou a vida toda, assassinou e massacrou e deixou o problema supremo atrás de si quando morreu. A história é realmente hilariante.

Muitos profetas, muitos salvadores, muitos avatares, muitos *tirthankaras*, muitos budas haviam morrido antes, mas Maomé encontrou o seu próprio estilo. Não morreu de uma maneira comum. Na verdade, ele nunca morreu; simplesmente foi vivo para o céu, e não foi sozinho, mas sentado em seu cavalo! E quando estava indo em direção ao céu, sentado em seu cavalo, só para descansar um pouco ele desceu sobre aquela rocha. Não encontrou nenhum outro lugar para descansar.

Por isso, agora, essa rocha tornou-se o ponto de disputa de três religiões. O judaísmo alega ser deles, os judeus estão prontos a matar e morrer por ela; milhões de judeus morreram por ela. Os cristãos têm enviado cruzadas, têm tido guerras religiosas continuamente para tomar posse da Rocha da Cúpula. E a área toda é um oceano de muçulmanos, que alegam que essa é a rocha sagrada deles porque Maomé ficou ali para descansar um pouco antes de partir, finalmente, com seu cavalo, em direção ao Sol. Durante esses 1.400 anos tem havido guerra quase todos os dias. E, no fim da Primeira Guerra Mundial, a Inglaterra e os Estados Unidos, ambos países cristãos, fizeram o jogo mais vil contra os judeus...

Os judeus são uma das raças que mais sofreram. Obviamente, eles têm sua parte e sua contribuição em seu sofrimento. Foram os que mais sofreram porque foram os primeiros a alegar: "Nós somos o povo escolhido de Deus, e é o nosso direito básico governar o mundo. Os outros seres humanos são inferiores". Por causa dessa idéia, que irritou todo mundo, sem exceção, os judeus foram assassinados e massacrados continuamente. Só Adolf Hitler matou 6 milhões de judeus, e isso continua... Mas a maldade máxima foi cometida pelos Estados Unidos e pela Inglaterra, e até mesmo os judeus não puderam entender a tragédia.

Muitos séculos antes, muçulmanos se apossaram de Jerusalém, onde a rocha está, e o pequeno país de Israel nunca havia existido. Havia o país da Palestina, mas, após a Segunda Guerra Mundial, Jerusalém e a Palestina estavam sob as forças americanas e britânicas, e os Estados Unidos fizeram a política mais feia que você pode imaginar: criaram, à força, uma nova nação para os judeus, à qual deram o nome de Israel. No tempo de Moisés havia uma terra para os judeus. Depois ela foi perdida para os muçulmanos. Os cristãos tentaram recuperá-la, mas não conseguiram, e nem os judeus tiveram sucesso. Eles não podiam, pois apenas 6% da terra pertencia aos judeus, e 94% pertenciam aos muçulmanos. Como você pode tornar Israel uma nação soberana? Mas, sob a pressão de exércitos, eles conseguiram uma nova terra. Foi uma grande estratégia, e talvez ninguém mais tenha chamado atenção para ela.

Sempre me encontro só, em muitas situações. Às vezes acho que eu não deveria me importar desnecessariamente com as coisas, quando ninguém nem ao menos pensa sobre elas. A meu ver, os Estados Unidos e a Grã-Bretanha conspiraram para criar o estado judeu para que os judeus permanecessem em dificuldades durante toda a eternidade. Essa é uma diplomacia muito sofisticada.

Os judeus ficaram felizes; acharam que os Estados Unidos e a Inglaterra os tinham ajudado, que eram a favor deles, que lhes davam a terra natal, pela qual almejavam havia séculos. E os Estados Unidos tinham "matado dois coelhos de uma só cajadada", pois lá os judeus estão entre as pessoas mais ricas, e assim têm um grande poder sobre o Senado americano. Eles têm um grupo próprio, e, como os políticos dependem das contribuições de pessoas ricas para suas eleições, não é possível evitar os judeus. Não podem ignorá-los, sua presença é importante demais. Eles têm dinheiro. Assim, essa foi uma boa chance para que eles dessem seu dinheiro como contribuição aos políticos.

Os políticos americanos conseguiram criar o Estado de Israel para os judeus. Mas esse estado foi forçosamente imposto aos muçulmanos. Agora, eles não podem tolerar isso. Os muçulmanos são muito fascistas, e esse insulto eles não podem tolerar; por isso há uma guerra contínua. Israel tem de comprar munições dos Estados Unidos, e os judeus americanos têm de enviar continuamente milhões de dólares para a sobrevivência de Israel. Dessa maneira, os Estados Unidos destruíram mais judeus que Adolf Hitler, e não apenas causaram uma chacina de uma só vez, mas criaram uma situação contínua que durará séculos, até que não haja um único judeu vivo em Israel. E, qualquer dia, os políticos americanos podem retirar seu apoio. Eles criaram em Israel um inferno para os judeus, e com táticas tão bonitas que até mesmo os maiores judeus como Martin Buber não conseguem suspeitar. Eu sou uma maioria, de uma só pessoa, que quer dizer ao mundo que isso é política ladina.

Os Estados Unidos e a Inglaterra não são a favor dos judeus, e a prova disso é que o Vaticano não aceitou Israel como uma nação soberana; não lhe deram seu reconhecimento. Assim, por um lado, o cristianismo não dá nenhum reconhecimento à nação; por outro lado, criaram a nação num lugar onde eles são cercados de muçulmanos por todos os lados, e serão mortos e esmagados. Só por crucificar um homem, durante dois mil anos milhões de judeus têm crucificado aqueles que são inocentes, assim como Jesus era inocente mas foi assassinado pelos seus contemporâneos. Agora, essas pessoas, após dois mil anos, não têm nada a ver com as pessoas que crucificaram Jesus. Mas elas estão sendo torturadas na Rússia, estão sendo torturadas na Alemanha, são torturadas em todo lugar, onde quer que estejam. E agora Israel é a estratégia máxima; elas continuarão sendo torturadas por toda eternidade até que Israel desapareça novamente.

Assim, eu dei minha resposta a Tom Robbins, porque ele vai escrever um livro e quer a minha opinião. Sei que ele deve estar surpreso, porque ninguém jamais disse isso, que Israel é uma estratégia da política cristã para destruir os judeus não diretamente, mas criando uma situação de modo que os muçulmanos possam fazer o trabalho e os cristãos possam manter suas máscaras de terem ajudado tanto, mesmo os inimigos. Eles têm seguido a filosofia de Jesus: ame os seus inimigos. Têm despejado dinheiro e auxílio na forma de armas antiquadas, armamentos que não servem mais, que têm de ser jogados fora, no oceano ou em Israel.

Ao mesmo tempo, sionistas americanos, judeus americanos, continuam ajudando os políticos americanos porque eles estão ajudando Israel. Assim, os políticos americanos exploram seu dinheiro, exploram seu apoio. Simplesmente por acaso, ontem, quando eu ditava a minha carta a Tom Robbins, recebi a mensagem: "Nós estamos lutando na Corte Suprema do Oregon para provar que a nossa comuna no Oregon havia sido destruída de forma absolutamente ilegal e que o governo está se apossando da terra sem nenhuma explicação ou razão. E nós ganhamos o caso na Corte Suprema. A Corte Suprema deixou especificamente claro que era absolutamente ilegal o governo se apossar da terra da comuna e de suas outras propriedades. Por isso, agora, ela está outra vez em nossas mãos". Disse a Tom Robbins: "Minha sugestão é que, se você quiser ajudar os judeus, o Oregon deveria ser dado a eles como uma nova Israel. Tire os judeus de Israel e dê Israel aos muçulmanos. Pertence a eles; é vil manterem-se na terra deles".

Quanto a mim e ao meu povo, nós oferecemos a terra da nossa comuna como um começo. Ela é suficiente para pelo menos 100 mil pessoas. Nós damos todas as nossas posses, todas as nossas casas, hotéis, ruas, represas, campos, tudo o que temos no Rancho Rajneesh, damo-lhes como um gesto amistoso, sem receber nenhum dinheiro por isso, com a condição de que o Rancho Rajneesh seja a capital da nova Israel. Deixe os Estados

Unidos mostrarem sua verdadeira face. Se eles quiserem ajudá-los, metade do Estado do Oregon já pertence ao governo federal, e é muito escassamente povoado; assim, não há nenhum problema. Metade da terra já pertence ao governo federal; dê essa terra aos judeus.

Os judeus estão com um novo problema em Israel, porque há alguns deles que permaneceram lá desde a época de Moisés; assim, eles são muito ortodoxos, totalmente ortodoxos. Não viram o mundo exterior. Ainda estão quatro mil anos atrás; a mente deles é daquele tipo. A segunda geração veio dos países europeus. Essa geração é um pouco diferente, porque não é mais tão ortodoxa. Viu os países desenvolvidos do século XX, esqueceu todas as velhas formas tradicionais. E a terceira geração, que esqueceu completamente o que é judaísmo, veio dos Estados Unidos.

Agora lutam entre si por pequenas razões. Grandes distúrbios estão acontecendo em Israel entre os próprios judeus. Os muçulmanos os estão matando por todos os lados, e judeus matam outros judeus porque os ortodoxos dizem aos judeus europeus e americanos: "Vão embora: vocês não são mais judeus".

Por exemplo: toda semana, no *sabbath,* os judeus ortodoxos param de trabalhar à tardezinha na sexta-feira. Eles querem que os novos judeus, que vieram da Europa e dos Estados Unidos, fechem suas discotecas, seus restaurantes, seus cinemas na sexta-feira à noite. Eles não podem conceber isso.

Ouvi contar que três rabinos estavam conversando sobre qual sinagoga era a mais avançada. Um rabino disse: "É óbvio que é a minha sinagoga. É permitido fumar dentro dela; nós permitimos bebida, drogas, qualquer coisa, em nome de Deus". O segundo rabino disse: "Isso não é nada, esqueça tudo. Vocês ainda são antiquados. Essas coisas nós temos permitido há séculos. Permitimos até mesmo que tragam suas namoradas; nem ao menos perguntamos se a mulher é sua esposa ou não. Tragam suas namoradas, a sinagoga é apenas um tipo de teatro religioso em que você não encontrará pessoas com suas esposas. Se eles têm de estar com as esposas, então o que há de errado em suas casas?". Esses cinemas... você sabe por que eles ficam escuros? Não é pelo filme, é porque tantas histórias acontecem dentro do cinema; todas essas histórias só são possíveis na escuridão. Assim, o segundo rabino disse: "Nós permitimos namoradas, permitimos a dança, e, se as pessoas quiserem fazer amor, podem fazê-lo também. Nós ignoramos isso, não criamos nenhuma interferência". O terceiro rabino disse: "Vocês dois são idiotas. Vocês não sabem. Em nossa sinagoga estamos vivendo no século XXI". Eles perguntaram: "O que mais vocês podem fazer?" Ele disse: "O que mais? Em nossa sinagoga há um cartaz; nos feriados judeus a sinagoga está fechada".

Essa é a forma suprema de religiosidade! Assim, essas três gerações de judeus estão cortando a cabeça um dos outros.

Minha sugestão não é apenas para fazer piada sobre a ajuda americana; eu quero isso. Estou enviando a mensagem a Israel: entrem na comuna, deixem isso ser o seu começo. E digam ao governo americano que vocês têm todo o direito de perguntar por que têm dado dinheiro a todos aqueles políticos; todos eles são seus serventes pagos, e vocês querem uma nova Israel no novo mundo. E por que se incomodar com uma rocha? Faça um lindo templo de Salomão outra vez! O novo é sempre melhor do que o velho; assim, por que se incomodar? Você acha que a religião é como o vinho, que o velho é melhor do que o novo? Não condene a religião dessa maneira. Simplesmente novo, com uma arquitetura moderna, faça um grande templo, o maior do mundo. O seu templo já foi o maior do mundo. Mas por que arrumar problema desnecessariamente, e um que não poderá acabar de maneira nenhuma? Então você conhecerá a verdadeira face dos Estados Unidos. Então você saberá como eles são amistosos com Israel e com os judeus. Eles são cristãos fundamentalistas. Ronald Reagan é um cristão fascista; ele não permitirá isso. Assim, será uma boa prova de sua amizade.

Não acredito em religião alguma, mas certamente acredito que as pessoas não deveriam ser colocadas em misérias desnecessárias, matanças, massacres, e viver todos os dias tremendo de medo. E agora se tornou muito mais perigoso, porque os judeus estão lutando com judeus e muçulmanos no mundo todo. Tornaram-se terroristas. Estão destruindo, de todas as formas possíveis, a própria base do Estado judeu. E o Vaticano nem mesmo deu um reconhecimento formal à soberania do Estado de Israel; isso mostra a verdadeira mente cristã.

Mas este é o nosso mundo. Talvez o meu povo seja o único povo livre de correntes. Deus é a sua corrente, as religiões são as suas correntes, a idéia de pecado, a idéia de virtude são as suas correntes.

Liberdade consiste numa única coisa, que é a sua consciência. Aja por meio da consciência e estará agindo por meio da liberdade, sem interferir na liberdade de outra pessoa. A liberdade sabe respeitar a liberdade de outras pessoas. Você não tem de fazer nada para alcançar a liberdade. Ela já está aí dentro de você. Apenas abandone as correntes. Elas são tantas que você começou a amá-las, ficou acostumado com elas. Será um pouco doloroso separar-se das suas tristezas, de seus velhos sofrimentos, amigos, familiares, e entrar numa nova área de liberdade, consciência. Mas, com exceção disso, não há esperança para a humanidade. Tudo o que é preciso é um pouco de inteligência. Você foi privado até mesmo disso.

E o papa está zangado comigo, os *shankaracharyas* estão zangados comigo, o *imame** está zangado comigo, pela simples razão de que eu quero que você seja inteligente. Eles querem que você seja absolutamente tolo, idiota, retardado; assim, pode ser escravizado, torturado, atormentado, sacrificado, e não se revoltará contra isso.

Um dia Paddy vai a um pub e vê um homem muito bem-vestido sentado num canto. Mas o que ele nota mais são seus sapatos lindos. Assim, ele vai até o homem, pergunta sobre os sapatos e o homem lhe diz que são sapatos de crocodilo. Mas Paddy nunca ouviu falar de crocodilo; por isso, vai até seus amigos e pergunta. Eles explicam que é um animal muito perigoso que vive nos pântanos da floresta Amazônica. Paddy está determinado a obter um par daqueles sapatos; então vende sua casa, seu carro e sua esposa e parte para a América do Sul. Quando chega lá, encontra um homem com um barco, que está disposto a levá-lo à floresta Amazônica. Depois de muitas semanas, eles chegam ao coração da floresta e Paddy vê um crocodilo nadando no pântano. Ele mergulha imediatamente e tem uma terrível luta com o animal. Eles ficam lutando por mais de uma hora até que, cansado e sangrando, Paddy consegue arrastar o crocodilo morto para o barco. Esgotado, vira o crocodilo de costas, dá uma olhada nele e exclama, com voz estridente: "Meus Deus! Ele está sem sapatos!".

The Great Pilgrimage, sessão 15

* Imame: sacerdote muçulmano que dirige as preces numa mesquita; título que os califas se atribuíram como chefes supremos dos muçulmanos; antigo título dos chefes de escolas jurídicas e teológicas islâmicas; título de certos soberanos muçulmanos, especialmente do Iêmen. (N.E.)

20 – Apenas um pequeno clique

Qual é a diferença entre concentração e meditação?

Meditação, em resumo, é colocar a mente de lado. Por isso as pessoas que dizem que meditação é uma disciplina da mente estão absolutamente erradas. Não é uma disciplina da mente, porque, se você disciplinar a mente, ela se tornará mais forte. É melhor colocá-la de lado quando ela está mais fraca, indisciplinada. Uma vez que esteja disciplinada, ela vai lhe dar um combate duro.

Assim, é mais difícil para alguém que tem praticado concentração, porque concentração é um fenômeno mental. Sim, ela lhe dá uma mente melhor, uma mente disciplinada, mais penetrante. Mas colocar de lado essa mente será muito difícil. Primeiro você lhe deu força, deu-lhe certa cristalização. Concentração não é meditação, pois concentração é uma disciplina da mente, e meditação é colocar a mente de lado.

Na verdade, o termo inglês *meditation* não é a palavra certa, porque no Ocidente algo como meditação nem mesmo aconteceu. A palavra sânscrita é *dhyana*. O problema era o mesmo quando os monges budistas foram à China; eles não conseguiram encontrar a palavra adequada para traduzir *dhyana* para o chinês, então escreveram *dhyana*, que para o chinês soava como zana. Por isso o zen japonês é uma transfiguração da palavra *dhyana*.

A palavra meditação dá a idéia errada, como se você estivesse meditando sobre alguma coisa, como se fosse uma atividade não muito diferente de concentração. Você está se concentrando em alguma coisa, está meditando em alguma coisa, mas está sempre preocupado com alguma coisa. E *dhyana* é abandonar todos os objetos, abandonar qualquer coisa sobre a qual você possa se concentrar, contemplar, meditar; abandonando tudo, não resta nada, apenas aquele que estava se concentrando, apenas aquele que estava contemplando. Essa consciência pura é *dhyana*.

Em inglês, não há nenhuma palavra adequada, por isso você tem de entender que estamos usando meditação por *dhyana*. *Dhyana* significa um estado de ser em que não há nenhum pensamento, nenhum objeto, nenhum sonho, nenhum desejo, nada, apenas o vazio. Nesse vazio, você chega a se conhecer. Você descobre a verdade. Você descobre a sua subjetividade. É um silêncio perfeito.

Há métodos para colocar a mente de lado, assim com há métodos para disciplinar a mente. Mas, no Ocidente, e mais ainda nos Estados Unidos, – porque, se o Ocidente é ruim, os Estados Unidos são piores –, todos os livros que são *best-sellers* nos Estados Unidos de alguma forma dizem respeito a como aumentar a sua força de vontade, como influenciar pessoas e ganhar amigos, como ficar rico, colocando a mente acima da matéria... mas todos eles estão falando sobre a disciplina da mente (estive olhando esses livros, não agora, há quatro anos eu não toco num livro).

Certamente, se você disciplina a mente, você é um competidor melhor, pode satisfazer a sua ambição mais facilmente, pode manipular as pessoas mais facilmente, explorar as pessoas mais facilmente. Você pode usar os outros como um meio para o seu fim. Friedrich Nietzsche escreveu um livro chamado *A Vontade de Poder**. Essa é a própria essência de todo o esforço ocidental: vontade de poder. Para obtê-la, é necessário primeiro que você tenha força de vontade, e força de vontade é um outro nome para a sua mente disciplinada, cristalizada.

Não, esses métodos não servirão. Você tem de aprender métodos para colocar a mente de lado. Ela já é poderosa demais; não a torne mais poderosa, porque você estará alimentando o seu próprio inimigo. Ela já está cristalizada; a sua escola, a sua faculdade, a sua universidade, todas elas estão fazendo isso. Depois de permanecer nove anos como professor numa universidade, eu me demiti. Falei ao vice-reitor: "Não posso fazer esse trabalho, porque isso está destruindo as pessoas". Ele disse: "O que você quer dizer com destruir as pessoas? Os alunos adoram você, eles não permitirão que você se vá. E eu não vejo motivo para você dizer que não pode continuar destruindo as pessoas". Respondi: "Você não entenderá, porque, embora tenha nascido na Índia, você não conhece a Índia. Você foi educado no Ocidente". Ele havia permanecido a vida toda

* Livro publicado em português pela Rés-Editora (Porto), em 2004, em três volumes: *O Niilismo Europeu* (volume I), *Crítica dos Valores Superiores* (volume II) e *Princípios de uma Nova Valoração* (volume III). (N.E.)

no Ocidente. "Todos esses livros, todas essas psicologias que eu tenho de ensinar, estou ensinando contra mim mesmo. Sei que isso vai causar danos a essas pessoas. A mente delas já está em mau estado, e agora ficará mais forte. Suas correntes serão muito mais fortes, sua escravidão da mente será muito mais forte."

As pseudo-religiões dependem da disciplina da mente. O trabalho da verdadeira religião é colocar a mente de lado. E é, de certa forma, muito simples. Essas disciplinas são muito difíceis. Treinar a mente para a concentração é muito difícil, porque ela continua se revoltando, continua caindo outra vez nos velhos hábitos. Você a puxa novamente e ela escapa. Você a traz de novo ao assunto no qual estava se concentrando e de repente vê que estava pensando em alguma outra, você se esqueceu em que estava se concentrando. Não é um trabalho fácil. Mas colocá-la de lado é uma coisa muito simples, não é difícil, de modo nenhum. Tudo o que você tem a fazer é observar. O que quer que esteja acontecendo na sua mente, não interfira, não tente cessá-la. Não faça nada, porque o que quer que fizer se tornará uma disciplina. Assim, não faça absolutamente nada. Apenas observe.

Observar não é um fazer. Assim como você observa o pôr-do-sol ou as nuvens no céu ou as pessoas passando na rua, observe o tráfego de pensamentos, sonhos e pesadelos, relevantes, irrelevantes, consistentes, inconsistentes, qualquer coisa que esteja acontecendo. E é sempre hora do *rush*. Você simplesmente observa; você fica ao lado, despreocupado.

As pseudo-religiões não permitem que você fique despreocupado. Elas dizem que a avareza é ruim; assim, se um pensamento de avareza vem, você salta para impedi-lo; caso contrário, você se tornará avarento. A raiva é ruim; se um pensamento de raiva passa, você salta imediatamente; você tem de mudá-lo, tem de ser gentil e compassivo e amar o seu inimigo assim como a si mesmo. Se surge algo contra o seu inimigo... Não, você tem de amar o seu inimigo assim como a si mesmo.

Assim, todas as religiões lhe deram idéias do que é certo e do que é errado, e, se a coisa errada estiver acontecendo, você certamente tem de impedi-la. Você tem de interferir, tem de saltar ali dentro e tirar essa coisa para fora. Você perde o ponto. É por isso que eu não lhe digo o que é certo e o que é errado. Tudo o que digo é que observar é certo; não observar é errado. Torno isso absolutamente simplificado: seja observador.

Não é da sua conta se a avareza estiver presente; deixe-a passar; se a raiva estiver passando, deixe-a passar. Quem é você para interferir? Por que está tão identificado com a sua mente? Por que você começa a pensar: "Eu sou avarento... eu tenho raiva?". Há apenas um pensamento de raiva passando. Deixe-o passar; você só observa.

Há uma história antiga: um homem sai da sua cidade, volta e vê que sua casa está pegando fogo. Era uma das casas mais lindas na cidade, e o homem amava a casa. Muitas pessoas estavam prontas a dar o dobro do preço pela casa, mas ele nunca havia concordado com nenhum preço, e agora ela estava queimando diante de seus olhos. Milhares de pessoas se reuniram, mas nada pôde ser feito. O fogo se espalhou tanto que, mesmo que ele tentasse apagá-lo, nada seria salvo. Por isso, ele ficou muito triste. Seu filho veio correndo e sussurrou algo em seu ouvido: "Não se preocupe. Eu a vendi ontem, e por um preço muito bom, três vezes o que valia. A oferta era tão boa que não pude esperar por você. Perdoe-me".

Mas o pai disse: "Ótimo, você a vendeu muito bem!". Então o pai é um observador também, como os outros observadores. Apenas um momento atrás, ele não era um observador, estava identificado. É a mesma casa, o mesmo fogo, tudo é o mesmo; mas agora ele não está preocupado. Ele está desfrutando, assim como todos os outros estão desfrutando. Então o segundo filho vem correndo e diz ao pai: "O que você está fazendo? Você está rindo e a casa pegando fogo?". O pai disse: "Você não sabe que o seu irmão a vendeu?". O filho respondeu: "Ele falou sobre vendê-la, mas nada havia sido estabelecido, e o homem não vai comprá-la agora". E de novo tudo muda. As lágrimas, que haviam desaparecido, voltam aos seus olhos, seu sorriso desapareceu, seu coração está batendo depressa. O observador se foi, ele está identificado novamente. E então vem o terceiro filho e diz: "Aquele homem é uma pessoa de palavra. Estive com ele agora e ele disse: 'Não importa se a casa está queimada ou não. Ela é minha, e vou pagar o preço que estabeleci. Nem eu nem você sabíamos que a casa pegaria fogo'".

Novamente, o homem é um observador. A identidade desapareceu. Na verdade, nada está mudando, apenas a idéia de que "sou o dono, de alguma forma estou identificado com a casa" torna tudo diferente. No momento seguinte, ele sente: "Não estou identificado. Outra pessoa a comprou, eu não tenho nada a ver com ela. Deixe a casa queimar".

É simples a metodologia de observar a mente, você não tem nada a ver com ela... A maioria de seus pensamentos não é sua, mas dos seus pais, de seus professores, de seus amigos, dos livros, dos filmes, da televisão, dos jornais. Simplesmente conte quantos pensamentos são realmente seus, e você ficará surpreso ao constatar que nenhum pensamento é seu. Todos vêm de outras fontes, todos são emprestados ou despejados pelos outros em você ou despejados tolamente por você mesmo em você. Mas nada é seu.

A mente está aí, funcionando como um computador; literalmente, ela é um computador. Você não ficará identificado com um computador. Se o computador esquentar, você não ligará. Se o computador se zangar e começar a dar sinais em palavras obscenas, você não ficará preocupado. Você verá o que está errado, onde alguma coisa está errada, mas permanecerá separado.

Apenas um pequeno clique... nem mesmo posso chamá-lo de método, porque isso o tornaria pesado; eu o chamo de clique. Simplesmente fazendo isso, um dia, de repente, você é capaz de fazê-lo. Muitas vezes você falhará; não é nada para se preocupar... não há nenhuma perda, isso é natural. Mas, simplesmente fazendo-o, um dia acontece.

Uma vez que isso tenha acontecido, uma vez que você tenha, mesmo que por um único momento, se tornado o observador, você saberá como se tornar observador nas colinas, bem distante. E a mente toda está aí, bem profunda no vale escuro, e você não tem de fazer nada com ela. A coisa mais estranha sobre a mente é que, se você se tornar um observador, ela começará a desaparecer. Assim como a luz dispersa a escuridão, a observação dispersa a mente, seus pensamentos, sua parafernália toda.

Assim, meditação é simplesmente observação, consciência. E isso revela que não tem nada a ver com invenção. Ela não inventa nada; ela simplesmente descobre aquilo que está aí. E o que está aí? Você entra e encontra um infinito vazio, tão tremendamente belo, tão silencioso, tão cheio de luz, tão fragrante, que você entrou no reino de Deus.

Nas minhas palavras, você entrou na divindade.

E, uma vez que você tenha estado nesse espaço, sairá uma pessoa totalmente nova, um homem novo. Agora você tem a sua face original. Todas as máscaras desapareceram. Você viverá no mesmo mundo, mas não do mesmo modo. Estará entre as mesmas pessoas, mas não com a mesma atitude nem com a mesma abordagem.

Você viverá como um lótus na água; na água, mas absolutamente intocado pela água.

A religião é a descoberta dessa flor de lótus dentro de você.

Unconsciousness to Consciousness, discurso 19

21– Iluminação é a sua própria natureza

É possível se iluminar de maneira fácil e relaxada, sem esforço demais e com muitos cochilos?

Essa é toda a minha filosofia: que você não faça esforço algum, que você relaxe, e a iluminação virá. Ela vem quando vê que você está realmente relaxado, sem nenhuma tensão, nenhum esforço, e imediatamente ela se derrama sobre você como milhares de flores.

Mas todas as religiões têm ensinado exatamente o oposto: que a iluminação é muito árdua, precisa de esforços que duram a vida toda, talvez muitas vidas, e então também não há nenhuma certeza, nenhuma garantia. Você pode perder o caminho mesmo quando estiver a um passo de distância da iluminação. Você não sabe o caminho ou onde está a iluminação. Assim, há toda a possibilidade de perder o caminho, de se perder. Apenas por acaso algumas pessoas toparam com a iluminação, mas é só por acaso, porque milhões de pessoas têm tentado e não têm encontrado nada. Elas não estão conscientes de que sua própria busca as está tornando tensas demais, seus próprios esforços estão criando um estado no qual a iluminação não pode acontecer. A iluminação pode acontecer quando você está tão silencioso, tão relaxado, que você quase não é... apenas um puro silêncio e imediatamente vem a explosão, a explosão da sua alma luminosa.

As pessoas que fizeram isso muito arduamente simplesmente destruíram sua inteligência, seu corpo, e eu não acredito que elas tenham alcançado a iluminação. As poucas pessoas que atingiram a iluminação sempre a atingiram num estado relaxado. O relaxamento é o próprio solo no qual as rosas da iluminação crescem. Por isso, é muito bom que você queira estar relaxado, estar à vontade, sem nenhum esforço e com muitos cochilos. Essa é a receita. Você se iluminará. Você pode se iluminar hoje, porque a iluminação é o seu ser mais profundo. Só pelo fato de estar tão envolvido em esforço, em procura, em busca, fazendo isso, fazendo aquilo, você nunca chega ao seu próprio eu. No relaxamento você não está indo a lugar nenhum, não está fazendo coisa alguma, e a grama começa a crescer por si mesma.

Tudo o que é necessário é inteligência, consciência, estado de alerta – que não são esforços –, testemunhar, observar – que não são tensões, mas sim experiências muito prazerosas. Você não fica cansado delas, você fica calmo e quieto. A inteligência não tem sido considerada como uma parte dos seus assim chamados santos. Eles a destruíram completamente pelos seus esforços estúpidos.

Digo a você: todos os esforços pela iluminação são estúpidos. Iluminação é a sua natureza, mas você simplesmente não sabe disso; caso contrário, já seria iluminado. No que me diz respeito, vocês todos são iluminados, porque posso ver a sua chama luminosa interior. Quando eu vejo você, não vejo a sua figura; vejo o seu ser, que é simplesmente uma bela chama.

Diz-se que, quando Gautama Buda se tornou iluminado, ele ficou surpreso de que, no momento em que ele se iluminou, a existência toda se tornou iluminada, porque seus próprios olhos mudaram, sua própria visão mudou. Ele podia olhar profundamente para si mesmo e também olhar profundamente para todas as outras pessoas, e até mesmo para os animais, para as árvores. Ele podia ver que todos estavam se movendo em direção à iluminação, porque todos precisam reconhecer sua própria natureza; sem isso, a vida não é uma alegria, não é uma festividade.

Simplesmente seja um pouco inteligente e a iluminação acontecerá por si mesma. Você nem ao menos tem de pensar nela.

Uma mulher entra num banco e se dirige ao escritório do presidente. Ela caminha direto para a sua mesa e diz: "Gostaria de fazer uma aposta de 10 mil dólares". "Sinto muito, senhora", responde o presidente, "mas esse banco não faz apostas." "Não quero apostar com o banco", ela diz, "quero apostar com você. Aposto que, amanhã às 10 horas, os seus testículos estarão quadrados." "Acho que a senhora é uma tola", diz o presidente, "mas aceitarei a aposta. Esteja aqui às 10 horas, amanhã, e traga 10 mil dólares." Às 9h55, a mulher entra com um cavalheiro alto, de aparência imponente. "Quem é esse homem?", pergunta o presidente. "Ele é meu advogado", replica a mulher. "Ele veio para verificar se tudo será feito corretamente." "O.k.", diz o presidente e, rindo, abaixa as calças. A mulher se aproxima e verifica se os testículos estão quadrados. Naquele momento, o advogado tem um colapso. "O que aconteceu com ele?", pergunta o presidente. "Bom", responde a mulher, "eu apostei com ele 50 mil dólares que nessa manhã, às 10 horas, eu teria um presidente de banco preso pelo saco".

Simplesmente seja um pouco inteligente!

Um missionário católico é capturado por canibais e fica surpreso ao descobrir que o chefe esteve na escola na Inglaterra e fala um inglês perfeito. "Não consigo entender isso", diz o padre, indignado, "como você pode ter passado tanto tempo na civilização e ainda comer pessoas?" "Ahá!", diz o chefe, "mas agora eu uso garfo e faca."

Simplesmente seja um pouco inteligente. O mundo não é inteligente; ele está funcionando de uma maneira muito pouco inteligente, criando todos os tipos de infelicidade. Em vez de ajudar uns aos outros a serem mais felizes, todos estão puxando a perna dos outros, puxando-os para uma escuridão mais profunda, para uma lama mais profunda, para um problema mais profundo. Parece que neste mundo todos gostam apenas de uma coisa: criar infelicidade para os outros. É por isso que a tal nuvem de escuridão cerca a Terra; caso contrário, teria havido continuamente um festival de luzes, e não de luzes comuns, mas luzes do seu próprio ser.

Por que os sacerdotes conseguiram convencer o homem de que a iluminação é uma tarefa muito difícil, quase impossível? A razão está na sua mente. A sua mente está sempre interessada no difícil, no impossível, porque isso dá a ela um desafio para se tornar cada vez maior. Os sacerdotes conseguiram convencê-lo de que a iluminação é muito difícil, quase impossível. Em milhões de pessoas, apenas de vez em quando um homem se torna iluminado. Para impedi-lo de se tornar iluminado, inventaram uma estratégia muito esperta: desafiaram o seu ego e você ficou interessado em todos os tipos de rituais, em todos os tipos de austeridades e em autotortura. Você tornou a sua própria vida uma angústia muito profunda.

As pessoas tornaram sua vida uma tortura, e, masoquistas, não conseguem se iluminar. Elas vão ficando cada vez mais escuras. Essas pessoas vivem na escuridão e começam a rastejar como escravos muito facilmente, porque perderam toda a sua inteligência, toda a sua consciência em um estranho esforço.

Você já viu um cachorro no inverno simplesmente descansando sob o sol, bem de manhãzinha? Ele olha para o seu rabo e se torna imediatamente interessado por ele. Salta para pegar o rabo, mas então fica louco porque essa coisa parece ser muito estranha. Quando ele salta, o rabo também salta, e a distância entre o cachorro e o rabo permanece a mesma. Ele corre ao redor. Observei, e quanto mais o rabo salta mais ele fica determinado, ele usa toda a sua força de vontade, tenta agarrá-lo de qualquer modo. Mas o pobre cachorro não sabe que não é possível agarrá-lo. Já é parte dele; assim, quando ele salta, o rabo salta.

A iluminação não é difícil, não é impossível. Você não tem de fazer nada para obtê-la; é apenas a sua natureza intrínseca, é sua própria subjetividade. Tudo o que você tem a fazer é, por um momento, relaxar totalmente, esquecer todo o fazer e o esforço, de forma que não esteja mais ocupado em lugar algum. Essa consciência desocupada, de repente, se torna consciente de que "Eu sou isso!".

A iluminação é a coisa mais fácil do mundo. Mas os sacerdotes nunca quiseram que o mundo todo se tornasse iluminado, porque então as pessoas não seriam cristãs, não seriam católicas, não seriam hindus, não seriam muçulmanas. Elas têm de ser mantidas não-iluminadas, têm de ser mantidas cegas à sua própria natureza. E os sacerdotes encontraram uma maneira muito esperta: eles não têm de fazer nada, simplesmente têm de lhe dar a idéia de que é uma tarefa muito difícil, impossível, e o seu ego fica imediatamente interessado. O ego nunca está interessado no óbvio, nunca está interessado naquilo que você é. Ele só está interessado numa meta distante; quanto mais distante a meta, maior o interesse.

Mas iluminação não é uma meta nem mesmo está a 3 centímetros de distância de você. Ela é você! O buscador é o buscado, o observador é o observado, o conhecedor é o conhecido.

Uma vez que você entenda que a sua própria natureza é iluminação... na verdade, a palavra sânscrita para religião é *dharma*, que significa natureza, a sua própria natureza. Não significa uma igreja, não significa uma teologia, simplesmente significa a sua natureza. Por exemplo: qual é o *dharma* do fogo? Ser quente. E qual é o *dharma* da água? Fluir para baixo. Qual é a natureza do homem? Qual é o *dharma* do homem? Tornar-se iluminado, conhecer sua divindade.

Considero você inteligente somente se puder entender a facilidade, a realização sem esforço da sua natureza. Se você não puder entender isso, você não é inteligente. Você é simplesmente um egoísta que está tentando, assim como outros egoístas estão tentando ser os mais ricos, alguns outros egoístas estão tentando ser os mais poderosos, e outros egoístas estão tentando se tornar iluminados.

Mas a iluminação não é possível para o ego. Riqueza é possível, poder é possível, prestígio é possível; essas são coisas difíceis, muito difíceis. Você precisa de um desprendimento total, um estado silencioso de ser totalmente tranqüilo, sem tensão... e, de repente, a explosão.

Vocês todos nascem iluminados, quer percebam isso ou não. A sociedade não quer que você perceba isso, as religiões não querem que você reconheça isso, os políticos não querem que você reconheça isso, porque isso vai contra todos os poderes dominantes. Por você ser não-iluminado, eles estão vivendo e sugando seu sangue. São capazes de reduzir a humanidade toda a rótulos estúpidos – cristãos, hindus, muçulmanos – como se você fosse coisas, mercadorias. Eles rotularam na sua testa quem você é.

Na Índia, você realmente encontrará brâmanes com seus símbolos na testa. Você pode ver o símbolo e pode reconhecer a qual classe brâmane esse homem pertence. São eles homens ou mercadorias? Eles têm seus símbolos marcados na testa. Você pode não ter seu símbolo marcado na testa, mas você sabe, bem no fundo, que está gravado dentro do seu ser que você é cristão, que você é budista, que você é hindu.

Se você se tornar iluminado, será simplesmente luz, uma alegria para si mesmo e para os outros, uma bênção para si mesmo e para a existência toda, e você será a liberdade suprema. Ninguém pode explorá-lo, ninguém pode, de modo algum, escravizá-lo. Esse é o problema. Ninguém quer que você se torne iluminado. A menos que você veja o ponto, continuará favorecendo os poderes dominantes, que são todos parasitas. A única função deles é sugar sangue de você.

Se você quer liberdade, a iluminação é a única liberdade. Se quer individualidade, a iluminação é a única individualidade. Se quer uma vida cheia de bênçãos, a iluminação é a única experiência. E é muito fácil, totalmente fácil; uma das coisas é que você não tem de fazer nada para obtê-la, porque ela já está aí. Você tem apenas de relaxar para vê-la.

Por isso, na Índia, você não tem nada paralelo à filosofia ocidental. Filosofia significa pensar sobre a verdade, amor pelo conhecimento. Na Índia, o que nós temos é uma coisa totalmente diferente; chamamos isso de *darsham*, e *darsham* não significa pensar, significa ver.

A sua verdade não tem de ser pensada, ela tem de ser vista. Ela já está aí; você não tem de ir a lugar nenhum para encontrá-la. Você não tem de pensar sobre ela; tem de parar de pensar, para que ela possa emergir em seu ser. É necessário um espaço desocupado dentro de você para que essa luz que está oculta possa se expandir e preencher o seu ser.

Ela não só preenche o seu ser; ela começa a irradiar do seu ser. Toda a sua vida se torna uma beleza, uma beleza que não é do corpo, mas que irradia de dentro, a beleza da sua consciência.

Sat – Chit – Anand, sessão 25

22 – Silêncio: a linguagem da religiosidade

Por que é mais fácil ficar silencioso na sua presença?

Meu esforço aqui, ao falar para você, é para lhe dar uma chance de ver que você é tão capaz de se tornar uma não-mente como qualquer Gautama Buda, que essa não é uma qualidade especial dada a algumas pessoas, não é um talento. Nem todos podem ser pintores, nem todos podem ser poetas; esses são talentos. Nem todos podem ser gênios; essas são qualidades inatas. Mas todos podem ser iluminados; essa é a única coisa sobre a qual o comunismo está certo, e, por estranho que pareça, essa é a única coisa que o comunismo nega.

Iluminação é a única coisa, a única experiência em que todos são iguais, igualmente capazes. Não depende dos seus atos, não depende das suas orações, não depende de você acreditar em Deus ou não. Depende só de uma coisa, e isso é uma pequena amostra; de repente, você se torna confiante de que é capaz de obtê-la.

Meu ato de falar não é oratória; não é uma doutrina que estou pregando a você. É simplesmente uma estratégia arbitrária para lhe dar uma amostra do que é silêncio e para torná-lo confiante de que não é um talento, de que ele não pertence a pessoas especificamente qualificadas, de que ele não pertence a altas autoridades, de que ele não pertence àqueles que se consideram virtuosos; ele pertence a todos, sem nenhuma condição. Você apenas tem de tomar consciência dele. E esse é todo o meu propósito em falar a você.

Uma vez que você tenha certeza de que pode estar silencioso, então todo o seu foco mudará. Não é uma questão de disciplina, não é uma questão de ser piedoso, não é uma questão de acreditar em Deus e em todos os tipos de tolice. É uma questão de sentir a sua própria possibilidade, e, uma vez que você tenha conhecido a possibilidade e se tornado confiante a respeito disso, toda a religião, na sua visão, terá uma cor diferente.

É uma questão de silêncio, consciência e bênção. Não tem nada a ver com pecados, virtudes e confissões. A existência não se importa com os seus pecados; que pecados você pode cometer? Que punição deveria ser dada aos pobres seres humanos? As religiões têm dado, por pequenas coisas, o inferno eterno. Deve-se ser um pouco justo também.

Bertrand Russel contou todos os pecados que cometeu e todos os pecados que pensou em cometer, mas não cometeu, e todos os pecados que cometeu em seus sonhos. Deu a lista toda e fez perguntas aos teólogos cristãos... Ele não obteve resposta durante mais de meio século. Agora ele está morto e esperou cinqüenta anos pela resposta. Ele perguntava: "Isso tudo que pode ser contado como pecado, eu cometi, essas outras coisas eu apenas pensei, e essas eu apenas sonhei. Que punição pode ser dada a mim nessas bases? O juiz mais severo não pode me dar quatro anos e meio de prisão, e o cristianismo vai me jogar no eterno fogo do inferno!".

Para ser punido pela eternidade você precisa de outra eternidade para cometer pecados, caso contrário não será justo. Bertrand Russel nasceu cristão, mas, quando ficou consciente da estupidez da teologia cristã, escreveu o livro *Por que Não Sou Cristão* (Brasília Editora, 1977). Nele, faz essas perguntas, mas nenhuma delas foi respondida. A única resposta foi que seu livro foi proibido pelo papa. Foi colocado na lista negra, que é publicada todo ano para os católicos, dizendo que não devem ler esses livros.

Sou afortunado, meus livros também estão na lista.

À medida que a sua consciência se torna mais silenciosa, todos os padrões da sua vida mudam. O que as religiões têm chamado de pecado desaparecerá da sua vida, e o que elas têm chamado de virtude automaticamente fluirá pelo seu ser, por suas ações. Mas elas têm exatamente o oposto: primeiro mude os atos... É como se você estivesse numa casa escura, tropeçando sobre os móveis e sobre as coisas, e lhe dizem que, a menos que você pare de tropeçar, a luz não é possível.

O que estou dizendo é: traga a luz e o tropeçar desaparecerá, pois havendo luz, por que você deveria tropeçar sobre as coisas? Toda vez que você tropeça, toda vez que bate a cabeça na parede, ela dói. É uma punição em si. Um ato errado é uma punição em si, não há ninguém registrando os seus atos. E toda bela ação é uma recompensa em si mesma. Mas primeiro traga luz para sua vida.

Meditação é um esforço para trazer luz, para trazer alegria, para trazer silêncio e para trazer bênção. Por meio desse mundo belo da meditação é impossível para você fazer qualquer coisa errada. Assim, eu mudei isso completamente. As religiões estavam insistindo na ação; minha insistência é na consciência e a consciência só pode crescer no silêncio. O silêncio é o solo certo para a consciência. Quando você está barulhento, não pode estar muito alerta e muito consciente. Quando está consciente e alerta, não pode estar barulhento; eles não podem coexistir.

Por isso, o meu falar não deveria ser categorizado com qualquer outro tipo de oratória; ele é uma estratégia para a meditação, para trazer confiança a você, a qual foi tirada pelas religiões. Em vez de confiança, eles lhe deram culpa, que o puxa para baixo e o mantém triste. Uma vez que você se torne confiante de que coisas imensas estão disponíveis para você, não se sentirá inferior, não se sentirá culpado; você se sentirá abençoado. Sentirá que a existência o preparou para ser um dos picos de consciência. Mas você não tem agido de acordo; tem seguido sacerdotes que destruíram sua dignidade e seu orgulho.

Quero que você esteja absolutamente certo de que nada está errado com pessoa alguma. Todas as coisas erradas foram nutridas em você. As religiões não ajudaram a criar uma humanidade melhor. Elas apenas destruíram tudo o que era belo no homem. Elas impediram seu crescimento, cortaram suas próprias raízes. O homem permaneceu um pigmeu no mundo da consciência.

Mudei todo o foco. Eu não digo a você que você tem de fazer isso, que não tem de fazer aquilo, que isso é pecado e que isso é virtude. Apenas digo: simplesmente esteja alerta, consciente, silencioso e abençoado, e tudo o mais seguirá sozinho. Isso demorará um pouco para você. À medida que a sua confiança se torna mais sólida, então sozinho também você será capaz de estar silencioso.

Comigo, estar silencioso é mais fácil por causa de uma outra razão: eu sou silencioso. Mesmo enquanto estou falando, estou silencioso; meu ser mais íntimo não está envolvido de forma alguma. O que estou dizendo para você não é um distúrbio, um peso ou uma tensão para mim; estou tão relaxado quanto é possível estar. Falar ou não falar não faz diferença alguma para mim.

Naturalmente, esse tipo de estado é contagioso. Vendo-me, estando aqui na minha presença, olhando nos meus olhos, mesmo observando as minhas mãos, você pode sentir que elas são os gestos de um homem silencioso. Pouco a pouco, você se torna contagiado. Além disso, ao redor de um homem silencioso, há certo campo de energia.

Você pode tentar um lindo experimento: simplesmente coloque um pouco de areia num prato e então, quando alguém estiver tocando música, ponha seu prato com areia acima do instrumento. Você ficará surpreso ao ver que o som provoca uma mudança na disposição da areia no prato; ela continua mudando a cada som. A música clássica colocará toda a areia num estado muito silencioso, muito harmonioso; ela criará uma disposição de harmonia. Ponha a mesma areia e o mesmo prato ao som de qualquer tipo estúpido de música moderna – do jazz ao punk rock – e você ficará surpreso ao ver que a sua areia está um caos. Ela perde toda a harmonia, perde toda a paz, e as disposições criadas mostram imediatamente, para qualquer pessoa, desarmonia e discórdia.

Um homem de silêncio move-se com certo campo de energia ao seu redor, e, se você está receptivo, a vibração dele começa a atacar o seu coração.

Você já notou? Um marido e uma esposa, se são realmente apaixonados, não-possessivos, não-ciumentos, e se ajudam um ao outro a permanecer indivíduos e têm profundo respeito um pelo outro, após viverem uma vida longa, cinqüenta anos juntos, começam a parecer quase a mesma pessoa. Você ficará surpreso. É fato bem conhecido, percebido ao longo dos séculos. Sua voz, seus olhos, sua face, seus gestos... Eles se tornaram harmoniosos um com o outro.

Certamente, entre um mestre e um discípulo, o fenômeno é mil vezes maior, porque não há nenhum conflito, de forma alguma. E especialmente com um homem como eu... eu não estou, de forma nenhuma, forçando você a ser discípulo, e não impedirei ninguém de me deixar; dou-lhe as boas-vindas quando você está aqui, e, se você parte, minhas boas-vindas continuarão as mesmas. Meu amor não muda. Você pode ir embora, pode até mesmo me trair, mas o meu amor permanecerá o mesmo. Não há nenhum contrato entre mim e você. Você está aqui por sua liberdade, a qualquer momento pode ir. Estou aqui por minha liberdade, você não me prende. Nesse estado de liberdade o mestre e o discípulo podem se aproximar, e a energia flui naturalmente do mais alto para o mais baixo; é exatamente como a água que vai do topo de uma montanha em direção ao vale.

Lao-tsé, na verdade, chamava a sua filosofia de vida de *o caminho do curso da água*. Quando o mestre e o discípulo estão tão profundamente sintonizados, porque não estão em nenhuma prisão, ambos se encontram por meio de suas liberdades. E um mestre autêntico nunca pensa em si mesmo como mais elevado que o discípulo, embora o discípulo autêntico possa conceber o mestre como mais elevado que qualquer coisa. A energia flui lentamente para as profundezas do seu ser. A meditação torna-se quase um subproduto; o silêncio acontece por si mesmo. O seu próprio coração começa a dançar com o mestre.

Li uma afirmação do poeta Walt Whitman, o único americano pelo qual tenho respeito. Ele diz: "Eu celebro a mim mesmo e canto a mim mesmo". Eu concordo nesse ponto. Todo mestre celebra a si mesmo e canta a si mesmo. Qualquer pessoa que esteja interessada se une à dança, e, pouco a pouco, não há nenhum mestre, nenhum discípulo, mas apenas a dança, apenas a celebração.

Mas essa é apenas metade da afirmação; com a outra metade eu não concordo. É aí que ele mostra suas raízes cristãs: "E o que eu assumo você deve assumir". Isso perturba toda a coisa. Outra vez vem ao mesmo ponto, no que eu acredito você deve acreditar: "O que eu assumo você deve assumir". Então há uma dominação sutil. Não, com esse ponto eu não posso concordar. Teria adorado concordar com tudo o que Walt Whitman diz, mas não posso ir contra a realidade. É suficiente: "Eu celebro a mim mesmo e canto a mim mesmo", e, se você se alegra com isso, une-se a isso. Não é uma questão de que você tenha de assumir o que eu assumo, de que você tenha de acreditar no que eu acredito, de que você tenha de ser dependente de mim de qualquer forma. Você está participando porque ama a dança, você está participando porque ama celebrar, você está participando porque, pela primeira vez, encontrou um homem que leva a vida como uma celebração, e não como um peso ou uma punição.

Na minha presença, você esquece o seu próprio ego, esquece de si mesmo. A ênfase não deveria estar em mim; a ênfase deveria estar em você, no fato de que, na minha presença, você me ama, respeita-me, confia em mim. Assim, você põe de lado as suas medidas de defesa. O seu ego é a sua medida de defesa.

Preste mais atenção nisso, no porquê de você se tornar silencioso. Não me torne totalmente responsável pelo seu silêncio, pois isso criará uma dificuldade para você. Sozinho, o que você vai fazer? Então, isso se torna uma espécie de vício, e eu não quero que você seja viciado em mim. Não quero ser uma droga para você.

Os assim chamados mestres e professores das religiões do mundo todo – eu encontrei quase todos os tipos e todas as categorias de professores – querem que seus discípulos sejam viciados neles, sejam dependentes deles. Essa é a viagem de poder deles. Não tenho nenhuma viagem de poder. Amo você, quer você esteja comigo ou não. Quero que você seja independente e confiante de que pode alcançar esses momentos preciosos por si mesmo. Se pode alcançá-los comigo, não há por que não consiga alcançá-los sem mim, porque eu não sou a causa.

Você tem de entender o que está acontecendo: ouvindo-me, você colocou a sua mente de lado. Ouvindo o oceano, ou ouvindo o trovão das nuvens, ou ouvindo a chuva cair pesadamente, simplesmente coloque o seu ego de lado, porque não há nenhuma necessidade... O oceano não vai atacar você, a chuva não vai atacar você, as árvores não vão atacar você. Não há necessidade de defesa. Estando vulnerável à vida como tal, à existência como tal, você estará obtendo esses momentos continuamente. Logo, isso se tornará a sua própria vida.

The Invitation, sessão 17

Sobre o Osho Meditation Resort

O *Osho Meditation Resort* é um lugar excelente para passar as férias e um local em que as pessoas podem ter a experiência direta e individual de uma nova maneira de viver com mais lucidez, descontração e alegria.

Situado cerca de 150 quilômetros a sudeste de Mumbai, em Puna, na Índia, o *resort* oferece uma variedade de programas a milhares de pessoas que o visitam todo ano, vindas de mais de 100 países do mundo todo.

Originariamente concebida como retiro de verão de marajás e ricos colonizadores britânicos, Puna é hoje uma cidade moderna e progressista, e tornou-se sede de várias universidades e indústrias de tecnologia de ponta.

O *Osho Meditation Resort* ocupa mais de 40 acres de um subúrbio arborizado conhecido como Koregaon Park. A área do *resort* oferece acomodações para um número limitado de hóspedes, numa nova "casa de hóspedes", e há imensa variedade de hotéis na vizinhança, bem como apartamentos particulares para estadas de alguns dias ou de diversos meses.

Os programas do *resort* são todos baseados na visão de Osho de um ser humano "qualitativo", capaz tanto de participar criativamente da vida cotidiana quanto de relaxar no silêncio e na meditação. A maioria dos programas tem lugar em instalações modernas, com ar-condicionado, e oferece uma variedade de sessões individuais, cursos e *workshops* que abrangem de tudo: artes criativas, tratamentos holísticos de saúde, terapias de transformação pessoal, ciências esotéricas, abordagem *zen* de esportes e lazer, questões de relacionamento e transições importantes da vida de homens e mulheres. Há sessões individuais e *workshops* para grupos durante todo o ano, acompanhados de intensa programação de meditações. Cafés e restaurantes situados na área do *resort* servem tanto comida indiana quanto pratos internacionais, tudo feito com vegetais orgânicos cultivados na fazenda do próprio *resort*. A área do *resort* possui fornecimento próprio de água pura e filtrada.

Para mais informações: www.osho.com

É um *site* abrangente, em vários idiomas, que inclui *tour* virtual no *Osho Meditation Resort*, calendário dos cursos oferecidos, catálogo de livros e fitas, lista dos centros de informação sobre Osho em todo o mundo e trechos selecionados das palestras do autor.

Osho International

Nova York

E-mail: oshointernational@oshointernational.com

www.osho.com/oshointernational

Este livro foi impresso pela Prol Gráfica
em papel *offset* 75g.